U0950743

年轻干部第一课

练好内功、提升修养的六个要求

尚传斌◎主编

新 华 出 版 社

图书在版编目（CIP）数据

年轻干部第一课：练好内功、提升修养的六个要求 /
尚传斌主编 . -- 北京：新华出版社，2021.10（2025.2重印）
ISBN 978-7-5166-6026-3

Ⅰ. ①年… Ⅱ. ①尚… Ⅲ. ①青年干部—干部培养—
中国 Ⅳ. ① D630.3

中国版本图书馆 CIP 数据核字（2021）第 184768 号

年轻干部第一课：练好内功、提升修养的六个要求

主　　编： 尚传斌

出 版 人： 匡乐成
责任编辑： 王　婷　田丽丽　　**封面设计：** 李尘工作室

出版发行： 新华出版社
地　　址： 北京市石景山区京原路 8 号　　**邮　　编：** 100040
网　　址： http://www.xinhuapub.com
经　　销： 新华书店、新华出版社天猫旗舰店、京东旗舰店及各大网店
购书热线： 010-63077122　　**中国新闻书店购书热线：** 010-63072012

照　　排： 华兴嘉誉
印　　刷： 大厂回族自治县众邦印务有限公司

成品尺寸： 170mm × 240mm
印　　张： 14.75　　**字　　数：** 182 千字
版　　次： 2021 年 11 月第一版　　**印　　次：** 2025年2月第七次印刷

书　　号： ISBN 978-7-5166-6026-3
定　　价： 48.00 元

版权专有，侵权必究。如有质量问题，请与出版社联系调换：010-63077124

序 言

PREFACE

当今世界正经历百年未有之大变局，并且正加速演进，我国正处在实现中华民族伟大复兴的关键时期。经过全党全国各族人民持续奋斗，我们实现了第一个百年奋斗目标，正在意气风发向着第二个百年奋斗目标迈进。在全面建设社会主义现代化强国的新征程上，要想实现我们党确定的各项目标任务，要想战胜前进道路上出现的各种风险挑战、艰难险阻，要想中国特色社会主义的航船继续乘风破浪、坚毅前行，关键在党，关键在人。关键在党，就要确保我们党在发展中国特色社会主义历史进程中始终成为坚强领导核心；关键在人，就要建设一支宏大的高素质专业化干部队伍。

党的干部是党和国家事业的中坚力量，是肩负着重要责任的“关键少数”。我们党历来高度重视加强干部队伍建设。早在1938年，毛泽东在党的六届六中全会上就明确指出，“政治路线确定之后，干部就是决定的因素”，并提出“才德兼备”的干部标准和“任人唯贤”的干部路线。1962年11月29日，邓小平在接见参加组织工作会议和全国监察工作会议的同志时的讲话中强调，“党要管党，一管党员，二管干部。对执政党来说，党要管党，最关键的是干部问题，因为许多党员都在当大大小小的干部”。党的十八大以来，以习近平同志为核心的党中央高度重视加强干部队伍建设。2018年7月，习近平总书记在全国组织工作会议上指出：“贯彻新时代党的组织路线，建设忠诚干净担当的高素质干部队伍是关键，重点是要做好干部培育、选拔、管理、使用工作。”并且，他在不同场合多次谈到好干部的标准问题，对什么样的干部是好干部提出明确要求。在2013年6月召开的全国组织工作会议上，习近平总书记强调，好干部要做到信念坚定、为民服务、勤政务实、敢于担当、清正廉洁。这20个字赋予了好干部新的时代内涵，是新时代做一名好干部的“五条标准”。不论是习近平总书记提出的“四有干部”，还是“四铁干部”“过硬干部”，都鲜明地体现了他对干部队伍建设的高度重视和莫大关心。

年轻干部有朝气，有活力，有干劲，是党和国家的未来和希望，是党和国家事业的接班人。在加强干部队伍建设中，建设一支高素质专业化年轻干部队伍尤为重要，这是党和国家事业发展的百年大计。党的二十大报告强调，抓好后继有人这个根本大计，健全培养选拔优秀年轻干部常态化工作机制，把到基层和艰苦地区锻炼成长作为年轻干部培养的重要途径。一直以来，习近平总书记非常重视年轻干部的成长、培养和选拔。早在2009年3月，时任中共中央政治局常委、中央书记处书记、国家副主席的习近平同志在出席全国培养选拔年轻干部工作座谈会上就明确指出，大力培养选拔年轻干部事关党和国家长治久安。各级党委要认真贯彻党的十七大精神，进一步增强责任感和紧迫感，以落实领导班子选拔配备年轻干部的规定要求为关键，以加强后备干部队伍建设为重点，以保证一代年轻干部的健康成长为目标，切实加强研究探索，着力解决突出问题，以改革创新精神推动培养选拔年轻干部工作不断取得新进展。党的十八大以来，以习近平同志为核心的党中央坚决落实好干部标准，不断改进后备干部工作，持续优化干部成长路径，年轻干部工作取得了显著成效。习近平总书记在2013年6月召开的全国组织工作会议上再次谈到年轻干部队伍建设问题，进一步深刻地指出，培养选拔年轻干部，事关党的事业薪火相传，事关国家长治久安。加强和改进年轻干部工作，要下大气力抓好培养工作。对那些看得准、有潜力、有发展前途的年轻干部，要敢于给他们压担子，有计划地安排他们去经受锻炼。

2018年6月29日，习近平总书记主持召开中共中央政治局会议，审议《关于适应新时代要求大力发现培养选拔优秀年轻干部的意见》。会议要求，各级党委（党组）要增强大局意识和全局观念，把年轻干部工作摆上重要议事日程，切实抓紧抓好。要建立以党委（党组）主要负责同志为第一责任人的工作责任制，一级抓一级，一级带一级，逐级负责，层层抓落实，把发现培养选拔年轻干部工作实效作为党建工作考核的重要内容。由此可见，以习近平同志为核心的党中央把年轻干部工作摆在了一个极为重要的位置。那么，我们党要建设一支什么样的年轻干部队伍呢？2018年7月，习近平总书记在全国组织工作会议上提出明确要求，强调“要建设一支忠实贯彻新时代中国特色社会主义思想、符合新时期好干部标准、忠诚干净担当、数量充足、充满活力的高素质专业化年轻干部队伍”。这为新时代加强年轻干部队伍建设指明了方向，提供了根本遵循。

党的十九届六中全会审议通过的《中共中央关于党的百年奋斗重大成就和历史经验的决议》指出，要源源不断培养选拔德才兼备、忠诚干净担当的高素质专业化干部特别是优秀年轻干部。培养选拔优秀年轻干部，关乎党的命运、国家的命运、民族的命运、人民的福祉，是加强领导班子和干部队伍建设的一项基础性工程。正是基于加强年轻干部队伍建设如此重要，从2019年起，习近平总书记连续六次出席中央党校（国家行政学院）中青年干部培训班开班式并发表重要讲话。“开学第一课”既是六堂非常生动深刻的党课，更是为新时代年轻干部量身定制的六份“成长手册”。这六堂课聚焦不同主题，每堂课都有很强的针对性。在2019年春季学期第一课上，习近平总书记要求，广大干部特别是年轻干部要在常学常新中加强理论修养，在真学真信中坚定理想信念，在学思践悟中牢记初心使命，在细照笃行中不断修炼自我，在知行合一中主动担当作为；在2019年秋季学期第一课上，他要求“广大干部特别是年轻干部要经受严格的思想淬炼、政治历练、实践锻炼，发扬斗争精神，增强斗争本领”；在2020年秋季学期第一课上，他要求“干部特别是年轻干部要提高政治能力、调查研究能力、科学决策能力、改革攻坚能力、应急处突能力、群众工作能力、抓落实能力”；在2021年春季学期第一课上，他要求“年轻干部必须立志做党的光荣传统和优良作风的忠实传人”；在2022年春季学期第一课上，他要求“必须筑牢理想信念根基，树立和践行正确政绩观，在新时代新征程上留下无悔的奋斗足迹。”

2021年9月1日上午，2021年秋季学期中央党校（国家行政学院）中青年干部培训班在中央党校（国家行政学院）开班，这是中国共产党成立100周年后中央党校（国家行政学院）举办的第一期中青年干部培训班。习近平总书记出席开班式并发表重要讲话强调：“年轻干部生逢伟大时代，是党和国家事业发展的生力军，必须练好内功、提升修养，做到信念坚定、对党忠诚，注重实际、实事求是，勇于担当、善于作为，坚持原则、敢于斗争，严守规矩、不逾底线，勤学苦练、增强本领，努力成为可堪大用、能担重任的栋梁之才，不辜负党和人民期望和重托。”这是习近平总书记站在党和国家事业发展的战略高度，对新时代广大年轻干部的谆谆教诲、殷切期望，对年轻干部在工作中如何成长成才提出了要求、作出了部署、指明了方向。6个方面的要求，相互联系、相辅相成、相互促进，充满着辩证统一的光芒，是对年轻干部成长成才规律的系统总结。

习近平总书记的六堂“开学第一课”认真听下来，既各有侧重，又相互联系，具有很强的系统性、连贯性。这六次重要讲话，是以习近平同志为核心的党中央，对建设一支忠诚、干净、担当的高素质专业化年轻干部队伍作出的重大战略部署，是党中央对广大干部特别是年轻干部在素质和能力等方面提出的一以贯之的明确要求，把我们党对干部队伍建设尤其是年轻干部队伍建设的认识提升到了新高度，具有十分重要的政治意义、理论意义和现实意义。习近平总书记明确指出，优秀年轻干部要有足够本领来接班。那么，新时代年轻干部如何锤炼过硬本领呢？首先必须要深刻学习领会习近平总书记的六次重要讲话精神，深刻理解其丰富内涵、核心要义、实践要求，紧密结合思想和工作实际学深悟透、融会贯通，知其然又知其所以然。并且，年轻干部在工作中必须要做到知行合一，始终牢记并忠实践行48字要求，切实把习近平总书记的殷殷嘱托铭记于心、付之于行，做一名新时代党和人民需要的好干部。

第一，信念坚定、对党忠诚，即硬在信念。信念坚定是新时期好干部第一位的标准。坚定理想信念，坚守共产党人精神追求，始终是共产党人安身立命的根本。一名干部，理想信念坚定才能对党忠诚，对党忠诚是对理想信念坚定的最好诠释。干部对党忠诚必须体现到习近平总书记要求的“三个方面”，必须做到“绝对忠诚”，党叫干什么就坚决干，党不允许干什么就坚决不干。

第二，注重实际、实事求是，即硬在作风。实事求是，是我们党的基本思想方法、工作方法、领导方法。坚持从实际出发、实事求是，不只是方法问题，也是党性强不强问题，是作风硬不硬问题。在工作中看一名干部是不是实事求是，最根本的要看是不是讲真话、讲实话，是不是干实事、求实效。广大干部要把说老实话、办老实事、做老实人作为党性修养和锻炼的重要内容。

第三，勇于担当、善于作为，即硬在担当。“干部干部，干字当头”。

敢于担当是新时期好干部的一条重要标准，既是政治品格，也是从政本分。担当和作为是一体的，不作为就是不担当，有作为就要有担当。新时代广大干部必须牢记：凡是有利于党和人民的事，就要事不避难、义不逃责，大胆地干、坚决地干。

第四，坚持原则、敢于斗争，即硬在精神。坚持原则是共产党人的重要品格，是衡量一个干部是否称职的重要标准。一名干部讲党性、讲原则，就要讲斗争。新时代干部讲斗争就必须牢牢把准斗争方向，坚定斗争意志，掌握斗争方法，发扬顽强的斗争精神，增强高超的斗争本领，做敢于斗争、善于斗争的勇士。

第五，严守规矩、不逾底线，即硬在纯洁。没有规矩，不成方圆。一名干部讲规矩、守底线，首先要有敬畏心。心有所畏，方能言有所戒、行有所止。广大干部要时刻敬畏党、敬畏人民、敬畏法纪、敬畏权力、敬畏历史，在工作生活中始终守住做人做事做官的四条底线：法律底线、纪律底线、政策底线、道德底线。

第六，勤学苦练、增强本领，即硬在能力。广大干部在学习中要掌握学习方法，明确学习内容，把学习马克思主义理论特别是新时代党的创新理论作为重中之重，在工作中不断增强学习本领、政治领导本领、改革创新本领、科学发展本领、依法执政本领、群众工作本领、狠抓落实本领、驾驭风险本领和斗争本领。

《年轻干部第一课——练好内功、提升修养的六个要求》一书以习近平新时代中国特色社会主义思想为指导，紧紧围绕习近平总书记在中央党校（国家行政学院）中青年干部培训班开班式上的六次重要讲话，尤其是2021年9月1日的重要讲话，坚持理论与实践相统一，阐释与事例相结合，对48字要求的重要性、内涵外延等问题详细阐述，有针对性地提出在工作中践行 48 字要求的对策建议，助力广大干部特别是年轻干部严格按照习近平总书记提出的要求，努力成为可堪大用、能担重任的栋梁之才，对于新时代广大干部特别是年轻干部深刻领会 48 字要求、忠实践行 48 字要求具有很高的参考价值。

归纳起来，本书主要有以下三个鲜明特点。

第一，理论性强。全书注重引用马克思主义经典作家文献、语录，从党的建设、领导科学等多学科角度阐述相关问题，全方位、多视角地回答了新时代年轻干部为什么要践行 48 字要求以及如何更好地践行 48 字要求等问题。第二，逻辑性强。全书结构安排合理，逻辑清晰，共分为六章。每一章分别从重大意义、内涵外延、实践要求三个方面详细论述。第三，可读性强。本书内容丰富，形式多样，在每一章开篇引入名言警句，穿插了大量经典案例、党史故事，深入浅出，引人入胜，可以帮助读者更好地理解书中内容。此外，本书编排精致，语言流畅，通俗易懂，有很强的可读性。

《年轻干部第一课——练好内功、提升修养的六个要求》一书由全国党校（行政学院）、团校和高校系统部分骨干教师共同参与完成，他们都长期从事教学科研工作，有的教师在全国党员干部教育培训领域具有重要影响力和知名度，有的教师在核心期刊、党报党刊发表过多篇文章，有的教师主编或参编过多部党政教材，有的教师主持或参与过多项省级课题、国家课题。他们均具有扎实的理论功底和较高的教学科研水平，从而保证了本书高质量撰写、高质量出版。本书可作为新时代广大党员干部尤其是年轻干部深入学习习近平总书记在中央党校（国家行政学院）中青年干部培训班开班式上六次重要讲话的辅导教材，也可以作为新时代广大理论工作者系统研究、深入探讨干部队伍建设和年轻干部成长成才规律的参考教材，还可以作为新时代各级组织部门、宣传部门、党校（行政学院）、社会主义学院和各类干部学校的培训教材。

实践多次告诉我们，一名干部的党性修养、能力水平，不会随着党龄工龄的增长而自然提高，也不会随着职务的升迁而自然提高，而是需要干部终生努力去不断提高、提高、再提高。新时代广大干部尤其是年轻干部必须要把学习贯彻习近平新时代中国特色社会主义思想作为全部工作的主题主线，把习近平总书记在中央党校（国家行政学院）中青年干部培训班开班式上的六次重要讲话作为学习的重中之重，全面系统学、深入思考学、联系实际学，力争学出很高的党性修养、很高的能力水平、很强的责任担当，不断增强“四个意识”，坚定“四个自信”，做到“两个维护”，努力做一名信念坚、政治强、本领高、作风硬的好干部，以自己的实际行动在全面建设社会主义现代化国家新征程中奋勇争先、建功立业。面向未来，我们坚信，在以习近平同志为核心的党中央的坚强领导下，通过不断提高广大干部尤其是年轻干部的党性修养和能力水平，我们党必将团结带领全国各族人民全面建成社会主义现代化强国，必将实现中华民族伟大复兴的中国梦！

韩庆祥

第十三届全国政协委员

中共中央党校原校委委员

十八届中央政治局第十一次集体学习主讲专家

中共中央党校（国家行政学院）一级教授、博导

中共中央党校专家工作室领衔专家

目 录

CONTENTS

第二章　注重实际　实事求是

第三章　勇于担当　善于作为

第五章　严守规矩　不逾底线

第六章　勤学苦练　增强本领

第一章

信念坚定 对党忠诚

经典语录

中国共产党成立一百年来，始终是有崇高理想和坚定信念的党。这个理想信念，就是马克思主义信仰、共产主义远大理想、中国特色社会主义共同理想。理想信念是中国共产党人的精神支柱和政治灵魂，也是保持党的团结统一的思想基础。理想信念坚定和对党忠诚是紧密联系的。理想信念坚定才能对党忠诚，对党忠诚是对理想信念坚定的最好诠释。

——2021年9月1日，习近平在中央党校（国家行政学院）中青年干部培训班开班式上的讲话

2021年9月1日，习近平总书记为中央党校（国家行政学院）中青年培训班的全体学员上了“开学第一课”，对年轻干部成为栋梁之材提出48字要求，其中放在首位的就是信念坚定、对党忠诚。理想信念，就是马克思主义信仰、共产主义远大理想、中国特色社会主义共同理想。对党忠诚，必须做到对党绝对忠诚，即唯一的、彻底的、无条件的、不掺杂任何杂质的、没有任何水分的忠诚。习近平总书记不仅为党员干部明确界定出信念坚定、对党忠诚的科学内涵，而且清晰阐释了二者之间的紧密联系；不仅指出了不同时代检验党员干部信念是否坚定、对党是否忠诚的标准，而且提出了党员干部信念坚定、对党忠诚的实践要求。这表明我们党在理论和实践上对“信念坚定、对党忠诚”的认识进一步深化。新时代广大干部尤其是年轻干部必须要对信念坚定、对党忠诚的重大意义有全面深刻的认识，对信念坚定、对党忠诚的衡量标准有完整准确的把握，对信念坚定、对党忠诚的实践要求有具体深入的理解，做一名信念坚定、对党忠诚的好干部。

第一节
充分认识信念坚定、对党忠诚的重大意义

无论时代如何变迁，对于中国共产党人来说，坚定不移的理想信念和对党矢志不渝的忠诚始终不会改变。中国共产党一百年的艰难历程，经历了革命、建设、改革各个历史时期，面对的形势和任务不断发生变化，历经无数艰难险阻，中国共产党人始终心怀科学的信仰、远大的理想和坚定的信念，始终心怀对党的忠诚，因此成就了中国共产党光辉的一百年。信念坚定、对党忠诚是中国共产党永葆无产阶级政党的政治本色的根本，是党坚守为人民谋幸福、为民族谋复兴的初心使命的基础，是新的历史时期汇聚建成社会主义现代化强国的精神力量的关键。

一、信念坚定、对党忠诚是永葆政治本色的根本

“水有源，故其流不穷；木有根，故其生不穷。”共产党人的政治本色，源于党的性质、宗旨和奋斗目标，是无产阶级政党的政治生命，是马克思主义政党的基因，也是党的事业枝繁叶茂的根系。翻开《中国共产党章程》，开篇就写道：“中国共产党是中国工人阶级的先锋队，同时是中国人民和中华民族的先锋队，是中国特色社会主义事业的领导核心，代表中国先进生产力的发展要求，代表中国先进文化的前进方向，代表中国最广大人民的根本利益。党的最高理想和最终目标是实现共产主义。”这是对党的性质的最准确的阐述。追溯到一百年前，1921 年党的一大通过中国共产党的第一份纲领，在这份仅几百字的纲领中明确规定“我党纲领”是“以无产阶级革命军队推翻资产阶级，由劳动阶级重建国家，直至消灭阶

级差别”“采用无产阶级专政，以达到阶级斗争的目的——消灭阶级”。[①]“消灭阶级差别”“消灭阶级”这些明确的主张，就是马克思恩格斯致力于建立一个无产阶级政党的初衷，就是希望通过先进的无产阶级政党来带领广大无产阶级实现共产主义理想。作为无产阶级的先锋队，代表着中国最广大人民的根本利益，中国共产党将实现共产主义的理想写在自己的旗帜上，成为我们党鲜明的政治本色。一百年来，这个理想始终没有改变，中国共产党的政治本色始终没有改变。

党章中同时明确，马克思列宁主义是党的行动指南。马克思列宁主义作为认识世界、把握规律、追求真理、改造世界的强大思想武器，具有强大的生命力。中国共产党之所以是先进的无产阶级政党，就是因为我们党将马克思主义的科学真理作为指导思想，追求共产主义最高理想。中国共产党人把马克思列宁主义的基本原理同中国革命、建设、改革的实践相结合，经过艰难探索，最终探索出一条适合中国国情、符合中国人民意愿的中国特色社会主义道路，形成中国特色社会主义理论、制度和文化。中国特色社会主义成为全体党员的共同理想，与共产主义的远大理想、对马克思主义的坚定信仰一道，写在中国共产党的旗帜上。中国共产党为什么能，中国特色社会主义为什么好，归根到底是因为马克思主义行。进入新时代，党和国家的事业取得历史性成就，中国特色社会主义在全世界彰显出科学社会主义的强大生机与活力，也进一步彰显出中国共产党的政治本色。全体党员干部，尤其是年轻干部对马克思主义的信仰、对共产主义和中国特色社会主义理想坚定不移，是党永葆政治本色的根本。

---

① 中共中央文献研究室、中央档案馆：《建党以来重要文献选编（1921—1949）》第 1 册，中央文献出版社 2011 年版，第 1 页。

习近平总书记指出："对党忠诚，不是抽象的而是具体的，不是有条件的而是无条件的，必须体现到对党的信仰的忠诚上，必须体现到对党组织的忠诚上，必须体现到对党的理论和路线方针政策的忠诚上。"① 对党忠诚，必须体现到对党的信仰的忠诚上，否则就是肤浅地谈忠诚。党员干部如果没有对马克思主义的真学、真懂、真信、真用，如果没有对共产主义远大理想的坚定，如果没有对中国特色社会主义共同理想的坚守，就根本谈不上对党忠诚。对党忠诚，必须体现到对党组织的忠诚上，否则就是空洞地谈忠诚。党的力量来自组织，组织严密是巩固党的执政基础、实现党的全面领导、完成党的全部工作的重要保证，是党的优良传统和独特优势。对党组织的忠诚，具体来讲就是党员个人服从党的组织，少数服从多数，下级组织服从上级组织，全党各个组织和全体党员服从党的全国代表大会和中央委员会。对党忠诚，必须体现到对党的理论和路线方针政策的忠诚上，否则就是脱离实际地谈忠诚。对党的信仰和党组织的忠诚，最终都要落脚到对党的理论和路线方针政策的忠诚上。党员干部只有坚定不移地贯彻执行党的理论和路线方针政策，才能实实在在地诠释对党的忠诚。全体党员干部忠诚于党的信仰、忠诚于党组织、忠诚于党的理论和路线方针政策，是永葆党的政治本色的根本。

二、信念坚定、对党忠诚是坚守初心使命的基础

中国共产党的初心和使命，就是为中国人民谋幸福，为中华民族谋复兴。习近平总书记一再告诫全党，一切向前走，都不能忘记走过的路；走

①《中共中央政治局召开民主生活会　中共中央总书记习近平主持会议并发表重要讲话　对照贯彻落实党的十八届六中全会精神　研究加强党内政治生活和党内监督措施》，《人民日报》2016 年 12 月 28 日，第 1 版。

得再远、走到再光辉的未来，也不能忘记走过的过去，不能忘记为什么出发。[①] 中国共产党人的理想信念从来都不是虚无缥缈的，而是始终体现在为中国人民谋幸福、为中华民族谋复兴的初心和使命中。中国共产党人的忠诚，不是对某一个人的忠诚，不是对某一个组织的忠诚，而是对党的信仰、理想、事业的忠诚。中国共产党的信仰、理想和事业，归根结底就是为人民谋幸福、为民族谋复兴。正如习近平总书记在庆祝中国共产党成立 100 周年大会上的讲话中所指出：中国共产党一经诞生，就把为中国人民谋幸福、为中华民族谋复兴确立为自己的初心使命。一百年来，中国共产党团结带领中国人民进行的一切奋斗、一切牺牲、一切创造，归结起来就是一个主题：实现中华民族伟大复兴。[②] 中国共产党经过 100 年的不懈奋斗，将自身锻造成为一个坚强的无产阶级政党，将实现共产主义作为最高奋斗纲领，探索出一条适合中国国情的革命、建设和改革的道路。年轻干部只有坚定对马克思主义的信仰，坚定共产主义远大理想和中国特色社会主义共同理想，才能坚守为人民谋幸福、为民族谋复兴的理想信念。

1840 年鸦片战争以后，中国逐步成为半殖民地半封建社会，国家蒙辱、人民蒙难、文明蒙尘，中华民族遭受了前所未有的劫难。从那时起，实现中华民族伟大复兴，就成为中国人民和中华民族最伟大的梦想。为了实现中华民族伟大复兴，中国共产党团结带领中国人民，浴血奋战、百折不挠，创造了新民主主义革命的伟大成就。为了实现中华民族伟大复兴，中国共产党团结带领中国人民，自力更生、发愤图强，创造了社会主义革命和建设的伟大成就。为了实现中华民族伟大复兴，中国共产党团结带领

① 《习近平谈治国理政》（第二卷），外文出版社 2017 年版，第 33 页。

② 习近平：《在庆祝中国共产党成立 100 周年大会上的讲话》，《人民日报》2021 年 7 月 2 日，第 2 版。

中国人民，解放思想、锐意进取，创造了改革开放和社会主义现代化建设的伟大成就。为了实现中华民族伟大复兴，中国共产党团结带领中国人民，自信自强、守正创新，统揽伟大斗争、伟大工程、伟大事业、伟大梦想，创造了新时代中国特色社会主义的伟大成就。[①] 习近平总书记在庆祝中国共产党成立 100 周年大会上庄严宣告，实现中华民族伟大复兴进入了不可逆转的历史进程！[②]“初心易得，始终难守。”过去成功不代表将来也一定能成功。过去我们为什么能够取得成功，就是因为一代又一代中国共产党人为了理想和信念前赴后继、舍生忘死，为了党的事业勇于斗争、不怕牺牲，始终如一坚守初心和使命。

中国共产党诞生在近代积贫积弱、任人欺凌的中国。近代中国社会涌现出一大批仁人志士和政治团体，希望挽救民族于危亡、拯救民众于水火，但是这些努力都没能成功。失败的原因有很多，但归根结底是因为这些政治团体都没能把握住历史发展的主流和主线。历史和人民最终选择了中国共产党。中国共产党要想实现共产主义的远大理想，就必须团结带领广大人民群众实现民族独立和人民解放；中国人民和中华民族要想实现民族独立和人民解放，就必须坚持中国共产党的领导，走社会主义道路。没有中国共产党，就没有新中国，就没有中华民族伟大复兴；没有人民群众的力量，实现中华民族伟大复兴也必将是空谈。这一点已经为历史所证明。如果党员干部没有对科学理论的信仰，我们党就不能把握住人民群众这个历史发展的主流和主线；如果党员干部没有共产主义和社会主义的理

---

① 习近平：《在庆祝中国共产党成立 100 周年大会上的讲话》，《人民日报》2021 年 7 月 2 日，第 2 版。

② 习近平：《在庆祝中国共产党成立 100 周年大会上的讲话》，《人民日报》2021 年 7 月 2 日，第 2 版。

想信念，我们党也就失去了团结带领人民群众的旗帜；如果党员干部没有对党的忠诚，我们党就无法团结起强大的力量。年轻干部要坚守为中国人民谋幸福的初心、践行为中华民族谋复兴的使命，就必须筑牢信念坚定、对党忠诚这个基础。

三、信念坚定、对党忠诚是汇聚精神力量的关键

中国共产党作为实现中华民族伟大复兴的领导力量，“打铁必须自身硬”，硬就硬在党员干部，尤其是年轻干部信念坚定、对党忠诚。回首中国共产党百年奋斗历程，因为始终高扬信念的旗帜，中国共产党的队伍才能坚强如钢、不畏艰险，中国共产党的行动才能沉着坚定、充满力量。革命战争年代，夏明翰在押赴刑场的路上给后人留下了振聋发聩、广为流传的《就义诗》：“砍头不要紧，只要主义真。”方志敏被关在狱中时就曾说过：“我们的头颅可以被敌人砍下，但是我们的信仰决不能动摇！”无数仁人志士视死如归、大义凛然的行动背后，就是坚定共产主义理想信念构筑起来的精神支柱。也正是靠着这个强大的精神支柱，中国共产党团结带领全国各族人民战胜了各种艰难险阻，取得了革命、建设、改革的伟大成就。进入新时代，党和人民的事业面临的形势更为严峻，困难挑战也愈加复杂，全党必须凝聚起更加强大的精神力量，才能团结一致，攻坚克难。习近平总书记指出：“坚定理想信念，坚守共产党人精神追求，始终是共产党人安身立命的根本。对马克思主义的信仰，对社会主义和共产主义的信念，是共产党人的政治灵魂，是共产党人经受住任何考验的精神支柱。”

“志不立，天下无可成之事。”正如习近平总书记在党的十九大报告中指出，共产主义远大理想和中国特色社会主义共同理想，是中国共产党人的精神支柱和政治灵魂，也是保持党的团结统一的思想基础。实现伟大

梦想，并不是轻轻松松敲锣打鼓就能实现的。南宋诗人杨万里有一首诗："莫言下岭便无难，赚得行人错喜欢。正入万山圈子里，一山放出一山拦。"习近平总书记曾用这首诗形容实现中华民族伟大复兴的道路上面临的风险和挑战。党的十九大闭幕后，习近平总书记带领新一届中共中央政治局常委来到上海党的诞生地，缅怀革命先辈，重温入党誓词。这一举动生动传递出党中央为中国人民谋幸福、为中华民族谋复兴的初心，始终如一、坚如磐石。行百里者半九十。面向中华民族伟大复兴的前路，我们必须始终葆有强烈的忧患意识。如果党员干部满足于躺在历史的功劳簿上，骄傲自满、安于现状、不思进取、故步自封，任何政党都将被历史和人民所抛弃。要牢记苏共的前车之鉴。面对中华民族伟大复兴，全党必须凝聚起更加强大的精神力量，才能战胜前进道路上的各种风险和挑战。

中国共产党是具有强大生命力的政党。这一点已经为历史所证明。比如，作为"团结的大会、胜利的大会"而载入史册的党的七大，为团结带领人民夺取抗日战争和新民主主义革命的最后胜利作了充分的政治、思想和组织准备。其中起到关键作用的就是要求全党放下历史包袱，统一思想、团结一致。比如，党的十一届三中全会，为全面拨乱反正作了充分的思想、政治、组织准备，开启了改革开放历史新时期，我们党由此实现了新中国成立以来历史上具有深远意义的伟大转折。其中起到关键作用的是总结历史教训，解决历史遗留问题。邓小平讲，解决历史遗留问题是为了更好的向前看。[①]以此作为全党统一思想、团结一致的基础。回顾历史，每当党和人民的事业面临重大历史转折，必须进一步凝心聚力攻克难关的时候，我们党都会把握历史时机，汇聚精神力量，为夺取最后

① 《邓小平文选》（第二卷），人民出版社 1994 年版，第 147 页。

的胜利作好充分的思想、政治和组织上的准备。中国特色社会主义进入新时代，实现中华民族伟大复兴进入了不可逆转的历史时期，必须汇聚起全党全国各族人民强大的精神力量，攻坚克难，迎来最后的胜利。要汇聚起这样的精神力量，关键就在于广大党员干部特别是年轻干部信念坚定、对党忠诚。

延伸阅读

真理的味道非常甜

1920年的初春，浙江义乌分水塘村一间柴屋，两张长凳架起一块木板，既是床铺，又是书桌。桌前，有一个小伙子在奋笔疾书。刺骨的寒风透过墙缝钻了进来，冻得他手脚发麻，他却只是搓搓手，又开始继续写。心疼儿子的母亲特意送来了粽子和祛寒的红糖。过了一会，不放心的母亲在外面问："红糖够不够，要不要我再给你添些？"儿子应声答道："够了，够甜的了！"谁知，当母亲进来收拾碗筷时，却发现儿子的嘴里满是墨汁，红糖却一点儿也没动。原来，儿子因为过于专注，竟然误把墨汁当红糖，蘸着墨汁把粽子吃掉了！

这个小伙子叫陈望道，他正在翻译的这本书叫《共产党宣言》。是什么让年轻的陈望道吃了墨水却浑然不觉，还说很甜呢？原来，真理也是有味道的，甚至比红糖更甜。

《共产党宣言》仅仅两万余字，陈望道却耗费了比平时译书多五倍的工夫，他以戴季陶提供的日文版《共产党宣言》作为翻译底本，参照陈独秀通过李大钊从北大图书馆借来的英文版加以校正，不时参照《日汉辞典》《英汉辞典》，字斟句酌地翻译，力求每一句话、每一个词，都译得准确、妥帖。如《共产党宣言》开篇第一句“有一个怪物，在欧洲徘徊着”，就苦思冥想了三天三夜。

1920 年 8 月，《共产党宣言》中文全译本在上海正式出版，立即引起社会各界的热切关注。《共产党宣言》犹如高悬于黑夜中的一盏明灯，以她耀眼的光芒，照亮了中国革命的前行道路，使一大批先进分子进一步了解了马克思主义，确立了马克思主义的信仰，走上了革命的道路。

——节选自滕荣康：《真理的味道——记陈望道翻译〈共产党宣言〉中文全译本》，《政策瞭望》2021 年第 5 期

第二节
准确把握新时代年轻干部对党忠诚的标准

2015 年 1 月 12 日，习近平总书记在同中央党校县委书记研修班学员座谈时强调：“只有理想信念坚定，心中有党、对党忠诚才能有牢固思想基础。理想信念动摇了，那是不可能心中有党的。”2019 年春季学期中央党校（行政学院）中青年干部培训班的“开学第一课”上，习近平总书记指出：“衡量干部是否有理想信念，关键看是否对党忠诚。”2021 年秋季学期中央党校中青年干部“开学第一课”上，习近平总书记再次强调“信念坚定和对党忠诚是紧密联系的”，并且进一步指出“检验党员干部是不是对党忠诚，在革命年代就要看能不能为党和人民事业冲锋陷阵、舍生忘死，在和平时期也有明确的检验标准”。检验党员干部是不是对党忠诚，同时也是检验党员干部是不是信念坚定。在思想上全面理解和准确把握这一检验标准，是年轻干部在行动上做到信念坚定、对党忠诚的前提。

一、能否坚持党的领导、做到“两个维护”

习近平总书记指出，和平时期检验党员干部是不是对党忠诚的首要标准，就是看党员干部能不能坚持党的领导，坚决维护党中央权威和集中统一领导，自觉在思想上政治上行动上同党中央保持高度一致。坚持和加强党的全面领导，是我们总结党一百年历史得出的深刻结论。历史和人民选择了中国共产党。中国共产党领导是中国特色社会主义最本质的特征，是中国特色社会主义制度的最大优势，是党和国家的根本所在、命脉所在，是全国各族人民的利益所系、命运所系。坚持和加强党的全面领导是实现中华民族伟大复兴的根本保证。这一点，任何时候都不能动摇。中国特色社会主义进入新时代，在党的领导的问题上，来自各方面的杂音和干扰不绝于耳，意识形态的侵扰和历史虚无主义不停变换外衣但矛头始终指向否定社会主义、否定党的领导。全体党员干部要牢记“国之大者”，在这一重大原则性问题上，每一位年轻干部都不能有一丝一毫的回避和退让，否则就是对党不忠诚，信念不坚定。

坚持和加强党的全面领导，首要原则是坚持“两个维护”。坚持党的领导、做到“两个维护”，是全党在革命、建设、改革的实践锻造中形成的普遍共识和共同意志。毛泽东说：“一个桃子剖开来有几个核心吗？只有一个核心”；“要建立领导核心，反对‘一国三公’”。[①] 1989 年 6 月，邓小平指出：“任何一个领导集体都要有一个核心：没有核心的领导是靠不住的。”[②] 习近平总书记进一步强调：“党中央制定的理论和路线方针政

①《毛泽东文集》(第三卷)，人民出版社 1996 年版，第 69 页。

②《邓小平文选》(第三卷)，人民出版社 1993 年版，第 310 页。

策，是全党全国各族人民统一思想、统一意志、统一行动的依据和基础。只有党中央有权威，才能把全党牢固凝聚起来，进而把全国各族人民紧密团结起来，形成万众一心、无坚不摧的磅礴力量。”① 党的十八大以来，党和国家的事业取得历史性成就、发生历史性变革，解决了许多长期想解决而没有解决的难题，办成了许多过去想办而没有办成的大事，根本在于以习近平同志为核心的党中央的坚强领导。党的十八届六中全会明确习近平同志为党中央、全党的核心，正式提出“以习近平同志为核心的党中央”。这对于维护党中央权威、维护党的团结和集中统一，对于保证党和国家兴旺发达、长治久安，具有十分重大而深远的意义。是否具备坚定的核心意识，是否能坚定做到“两个维护”，是新时代检验年轻干部是否忠诚于党的首要标准。

二、能否坚决贯彻决策、严格落实部署

习近平总书记指出，和平时期检验党员干部是不是对党忠诚的重要标准，就是看党员干部能不能坚决贯彻执行党的理论和路线方针政策，不折不扣把党中央决策部署落到实处。党的十九届六中全会审议通过的《中共中央关于党的百年奋斗重大成就和历史经验的决议》系统总结了中国共产党一百年来所取得的四个伟大历史成就和中国共产党百年奋斗的历史意义。早在党的十九大召开之际，国内外的媒体总结中国共产党成功的“密码”时，用“接力赛”来形容中国共产党善于明确奋斗目标、落实规划计划的特质。“一张蓝图绘到底”“一代接着一代干”，生动道出了中国共产党成功的一大密码。中国共产党在开创中国道路、中国理论和中国制度的过程中，

① 习近平：《论坚持党对一切工作的领导》，中央文献出版社 2019 年版，第 183—184 页。

始终具有明确的战略目标和实施步骤。中华人民共和国成立以来，中国共产党既不忘初心，始终坚持带领全国人民实现中华民族的伟大复兴，又能根据形势变化和发展阶段的不同，及时调整和完善目标与步骤，从而将远期设想、中期目标和短期规划有机结合，朝着一个方向努力，实现滚动式向前发展。面对共产主义和中国特色社会主义的伟大事业，我们有科学理论的指引、共同理想的召唤、伟大事业的激励；我们有党中央坚强有力的领导、科学组织体系的保证、严密的规划部署，这一切归根到底都要落实到每一位党员干部的行动上。

衡量年轻干部是不是对党忠诚，能不能坚决贯彻执行党的理论和路线方针政策，不折不扣把党中央决策部署落到实处，这个衡量标准也是具体的。首先体现在年轻干部能不能做到“坚决”。坚决就是不能有丝毫怀疑，不能有丝毫犹豫，也不能有丝毫懈怠，要将党的理论路线方针政策和决策部署果断、迅速、彻底地贯彻执行下去。如果有决心上的不坚定、行动上的不果断、执行中的不彻底，都是对党不忠诚的表现。其次体现在年轻干部能不能做到“不折不扣”。不折不扣，要求年轻干部面对党中央决策部署，能够完全理解、准确把握、落到实处，而不是片面理解、一知半解，落实的过程中坚决杜绝形式主义，避免政策层层空转。否则，也都是对党不忠诚的表现。最后，对于党中央的重大决策部署，要贯穿到年轻干部所肩负工作任务的全过程、各方面。在急难险重时刻能否挺身而出，在关键时刻能否站得出来、危急关头能否豁得出去，直接检验年轻干部能不能顶住压力、战胜困难、破解难题、取得实效，直接检验年轻干部对党是否绝对忠诚。因此，能否坚决贯彻执行部署落实党的理论路线方针政策和各项决策，是检验年轻干部是否忠诚于党的重要标准。

三、能否严明政治纪律、严守政治规矩

新时代衡量年轻干部是否对党忠诚的又一重要标准是看年轻干部能否严格遵守党的政治纪律和政治规矩。纪律严明是中国共产党的优良传统，是中国共产党不断发展壮大、不断开创各项事业新局面的重要原因。“中国共产党这样一个大党，如果没有坚强有力的组织和纪律约束，就是一盘散沙，大而不强，没有力量。”[①]一百年来，中国共产党建组织、严纪律、强法治，真正使千百万党员凝聚起来，真正把亿万人民组织起来，保证了党的决策部署能够及时、坚决、有力地贯彻执行。纪律是党的生命线。没有铁的纪律，就没有党的团结统一，政令就不能通达，党的凝聚力和战斗力、领导力和执行力就会大大削弱。从革命战争年代“三大纪律、八项注意”的纪律规定，到“加强纪律性、革命无不胜”，到改革开放新时期“一靠理想二靠纪律才能团结起来”，再到党的十八大以来将纪律建设作为全面从严治党的治本之策，把严明政治纪律、政治规矩摆在首位，我们党依靠纪律加强内部团结，赢得人民支持，夺取伟大成就。

“欲知平直，则必准绳；欲知方圆，则必规矩。”党的纪律，包含了对党员政治、组织、廉洁、工作、生活和处理党群关系等各方面的要求。在这些纪律要求中，政治纪律是党最根本、最重要的纪律，是维护党的团结统一的根本保证。这由党作为一个先进政治组织的基本性质所决定，也由政治纪律与其他纪律之间的内在关系所决定。把纪律挺在前面，要求首先把政治纪律挺在前面。政治纪律同时也是对党员政治觉悟和政治责任的要求，更多需要党员的自觉性。比如党在长期实践中形成的优良传统和工作

① 中共中央宣传部：《中国共产党的历史使命与行动价值》，人民出版社 2021 年版，第 49 页。

惯例也是十分重要的党内规矩，但是如果一个党员没有相应的政治觉悟，缺乏必要的政治责任，那就很难真正做到严格遵守这样的政治规矩，更遑论严格遵守党章等党内规章制度、党的纪律、国家法律，甚至会出现心口不一、表里不一的情况，形成政治上的两面人。领导干部违纪往往是从不遵守甚至破坏党的政治规矩开始的。强化党员政治纪律和政治规矩，目的是要不断培养提高党员的整体政治素养。强调党的政治纪律，对于党内形成纯洁的同志关系，形成良好的政治生态，从而保证每一个党员在这样一个整体氛围中健康成长具有重要意义。从这个意义上来说，能否主动严格遵守党的纪律，尤其是严明党的政治纪律和政治规矩，是衡量年轻干部是否对党忠诚的重要标准。

四、能否执行组织决定、服从组织安排

新时代衡量年轻干部是否对党忠诚最直接的标准之一就是看他能不能坚持党和人民事业高于一切，自觉执行组织决定，服从组织安排。习近平总书记强调，组织上安排年轻干部去艰苦边远地区工作，是信任更是培养，年轻干部应该以此为荣、争先恐后。刀要在石上磨、人要在事上练，不经风雨、不见世面是难以成大器的。回顾我们党的历史，无论在哪一个历史时期，都有无数的党员干部不计个人得失，坚决服从党组织的安排，甚至主动要求到党和人民最需要的地方去，到最艰苦的工作岗位上去，为党和人民的事业奉献自己的青春和热血。1938 年 11 月，中央军委政治部找李先念谈话："先念同志，组织决定你到八路军第一二九师当营长，你有什么意见吗？"当时红军改编为八路军、新四军，部队缩编，干部降一两级是正常的，但从军级降到营级，是极为罕见的。李先念却毫不犹豫地回答："坚决服从组织的安排。""坚决服从组织的安排"，短短的几个字，

饱含着一名共产党员对党和人民的事业无私奉献的革命情怀，也饱含着一名共产党员对党至真至纯的忠诚。

对党忠诚不是体现在升官发财、平步青云之时，不是体现在“官运亨通”、大展宏图之时，而是体现在当党和人民最需要的时候，在党和人民最需要的岗位上，能够义无反顾、埋头苦干。新时代的年轻干部出生于和平年代，成长于物质相对丰富的时期，没有经历过革命战争中血与火的考验，面对艰苦的工作生活条件和匮乏的物质待遇难免心存疑虑。一些年轻的党员干部在面对组织安排和调整时，或挑三拣四，或拈轻怕重，或直言反对，以各种理由敷衍塞责，将组织安排变相“打折扣”。一些党员干部，如果“拗不过”组织安排，去到新的岗位就会闹情绪、撂担子、要架子，用各种方式对组织的安排进行“无声反抗”，以此发泄自身的不满。还有一些党员干部与组织安排“讨价还价”。这些行为的产生，除了缺乏责任担当，更为根本的原因在于这些党员干部对党缺乏最基本的忠诚。共产党员是块砖，东西南北任党搬。“执行党的决定，服从组织分配，积极完成党的任务”，是党章对党员义务的规定。年轻干部应该把党的利益放在第一位，时刻服从组织原则、执行组织决定，在组织需要的时候，能够懂得牺牲和奉献，这是检验年轻干部是否对党忠诚的直接标准。

五、能否恪守为政底线、维护党的形象

“政者，正也。”洁身自好、克己奉公，是领导干部的从政之基，是党员干部为政的底线，代表着党在人民群众心目中的崇高形象。新时代衡量年轻干部是否对党忠诚，一个重要标准就是看他能否恪守为政底线、维护党的形象。能否恪守为政底线、维护党的形象，要看党员干部是否心存敬畏。心存敬畏，既是对党纪国法的敬畏，也是对手中权力的敬畏，更是对

历史和人民的敬畏。党员干部对党纪国法必须时刻心存敬畏，时刻警醒自己不去触碰党纪国法的红线，就不会出现贪污受贿、渎职枉法的行为；党员干部时刻对手中的权力心存敬畏，就不会滥用手中的权力，为个人谋取私利；党员干部时刻对历史和人民心存敬畏，就不会随意损害百姓的利益。所谓心有所畏、言有所戒、行有所止。如果党员干部内心只关注自身一己私利是否得到满足，不在乎自己的言行是否会给党和人民的事业带来损失，也不关心自己的言行是否会给党的形象抹黑，那么这些党员干部很可能在面对诱惑时守不住底线。因此，能不能恪守为政底线、维护党的形象，这是检验年轻干部是否对党忠诚的重要标准。

“莫见乎隐，莫显乎微，故君子慎其独也。”能否恪守为政底线、维护党的形象，要看年轻干部能否做到慎独、慎微。事物的发展变化都是一个由小到大、由量变到质变的渐进过程。干部的腐败问题也是一个渐进蜕变的过程。“千里之堤，毁于蚁穴。”东汉“四知先生”杨震用“暮夜却金”诠释了为官慎独的道理。刘少奇强调，“即使在他个人独立工作、无人监督、有做各种坏事的可能的时候，他能够‘慎独’，不做任何坏事”。能否自觉做到人前人后一个样、八小时内外一个样、有没有监督一个样；能否教育管理好身边的人，筑牢“基础防线”能否认真做好每件小事、注重每个细节。这是恪守为政底线的关键。能否恪守为政底线、维护党的形象，要看党员干部能否看得清得与失。“祸莫大于不知足，咎莫大于欲得。”党员干部能否理智看待“得与失”，关键在于能否准确区别哪些属于自己，哪些不属于自己。要管好自己的生活圈、交往圈、娱乐圈，在私底下、无人时、细微处更要如履薄冰、如临深渊，始终不放纵、不越轨、不逾矩。这是检验年轻干部是否对党忠诚的重要标准。

延伸阅读

黄克诚的高风亮节

在1959年的庐山会议上，彭德怀、黄克诚、张闻天、周小舟四人被定性为“右倾机会主义反党集团”的主谋，直至十一届三中全会后才得以平反。黄克诚遭受迫害长达近二十年。然而，正当我党即将对包括反右倾在内的新中国成立以来的历史问题作出决议之时，特别是将对毛泽东和毛泽东思想作出评价的关键时刻，黄克诚作为一位无产阶级革命家、军事家，在中纪委的座谈会上作了长达一万多字的长篇讲话，对我党领袖毛泽东和毛泽东思想作了极为冷静、客观、公正的评价。

黄克诚在这篇长达一万多字的讲话中，一开始就说：“我身体不好”，“不准备讲话”，“但我是心里有话就是要讲的”，“我的讲话，有些同志听了可能不痛快，请你们原谅”。这个开场白，足见当时人们的认识和分歧之严重。

他在讲话中说：“有些同志对毛主席说了许多愤慨的话，甚至把毛主席说得一无是处。我认为这样做对我们的党和国家是非常不利的……特别是那些受过打击、坐过牢的同志，对毛主席有愤慨情绪是可以理解的。大家都知道，在毛主席晚期我也吃过苦头。但我觉得，对于这样关系重大的问题，绝不能感情用事、意气用事，更不能从我们个人的利害得失、个人的愤慨不平出发。我们只能从整个党和国家的根本利害、从十亿人民的根本利害出发，从怎样做才能利于我们的子孙后代、有利于社会主义革命事业出发来考虑问题。”

重读这段讲话，我们从一个深受迫害的老干部身上，听到有着如此崇高精神境界的肺腑之言，不得不对黄克诚的崇高风范肃然起敬。他不愧为我党老一辈革命家的光辉典范。

——节选自王建刚：重读黄克诚《〈关于对毛主席评价和对毛泽东思想的态度问题〉讲话》有感，《新四军研究》第六辑，2014年8月1日

第三节 年轻干部信念坚定、对党忠诚的实践要求

坚定理想信念，既不是一蹴而就的，也不是一劳永逸的，而是要在斗争实践中不断砥砺、经受考验。年轻干部要牢记，坚定理想信念是终身课题，需要常修常炼，要信一辈子、守一辈子。对党忠诚也不是一句口号，而是要落实到行动中，要通过实际行动去践行心中的远大理想和坚定信念，要通过实际行动去践行对党的忠诚与承诺。新时代年轻干部信念坚定、对党忠诚，在实践层面的要求是具体而丰富的，这些实践要求也是年轻干部做到信念坚定、对党忠诚的实现路径。

一、着力深化理论武装，做到理论上清醒

注重理论武装，是我们党作为马克思主义政党的本质要求，也是我们党的优良传统。《关于新形势下党内政治生活的若干准则》明确指出："坚定理想信念，必须加强学习。思想理论上的坚定清醒是政治上坚定的前提。"党的二十大报告强调，加强理想信念教育，引导全党牢记党的宗旨，解决好世界观、人生观、价值观这个总开关问题，自觉做共产主义远大理想和中国特色社会主义共同理想的坚定信仰者和忠实实践者。年轻干部要做到信念坚定、对党忠诚，首先必须加强理论武装，做到理论上清醒。

（一）学好马克思主义基本原理

2017年9月29日，习近平总书记在十八届中共中央政治局第四十三次集体学习时强调："时代在变化，社会在发展，但马克思主义基本原理依然是科学真理。尽管我们所处的时代同马克思所处的时代相比发生了巨大而深刻的变化，但从世界社会主义500年的大视野来看，我们依然处在马克思主义所指明的历史时代。这是我们对马克思主义保持坚定信心、对社会主义保持必胜信念的科学根据。"[①]

学好马克思主义理论，要全面系统地学。对马克思主义的学习和研究，不能采取浅尝辄止、蜻蜓点水的态度。学好马克思主义的基本原理，就要学好马克思主义关于人类社会发展规律的思想、要学好马克思主义关于坚守人民立场的思想、要学好马克思主义关于生产力和生产关系的思想、要学好马克思主义关于人民民主的思想、要学好马克思主义关于文化建设的思想、要学好马克思主义关于社会建设的思想、要学好马克思主义关于人与自然关系的思想、要学好马克思主义关于世界历史的思想、要学好马克思主义关于马克思主义政党建设的思想。学习马克思主义，年轻干部要做"行家里手"，而不是对马克思主义的思想和理论一知半解、不求甚解。

学好马克思主义，要学好辩证唯物主义和历史唯物主义的世界观和方法论。毛泽东曾经说过，马克思主义有几门学问，但基础的东西是马克思主义哲学。2018年4月23日，习近平总书记在十九届中共中央政治局第五次集体学习时强调，马克思主义理论的科学性和革命性源于辩证唯物主义和历史唯物主义的科学世界观和方法论，为我们认识世界、改造世界提

①《习近平在中共中央政治局第四十三次集体学习时强调　深刻认识马克思主义时代意义和现实意义　继续推进马克思主义中国化时代化大众化》，《人民日报》2017年9月30日，第1版。

供了强大思想武器。年轻干部要学习掌握世界统一于物质、物质决定意识的原理，坚持从客观实际出发制定政策、推动工作。年轻干部要学习掌握事物矛盾运动的基本原理，不断强化问题意识，积极面对和化解前进中遇到的矛盾。年轻干部要学习掌握唯物辩证法的根本方法，不断增强辩证思维能力，提高驾驭复杂局面、处理复杂问题的本领。年轻干部要学习掌握认识和实践辩证关系的原理，坚持实践第一的观点，不断推进实践基础上的理论创新。

（二）学好中国化的马克思主义

加强理论武装，要学好中国化的马克思主义。马克思主义是发展的理论。中国共产党 100 年的历史就是一部马克思主义中国化的历史。马克思主义中国化就是要拿马克思主义这个“矢”来射中国实践这个“的”，解决中国的实际问题。中国共产党人在长期革命斗争中经过艰辛探索，将马克思列宁主义基本原理与中国革命具体实际相结合，形成了第一个中国化的马克思主义理论——毛泽东思想。1938 年召开党的六届六中全会，第一次正式提出“马克思主义中国化”的命题，强调要“把马克思主义应用到中国具体环境的具体斗争中去，而不是抽象地应用它”。①

在改革开放和社会主义现代化建设中，以邓小平同志为主要代表的中国共产党人，在总结我国社会主义建设胜利和挫折的历史经验，并借鉴其他社会主义国家兴衰成败经验教训的基础上，逐步形成了建设中国特色社会主义的路线、方针、政策，创立了邓小平理论。以江泽民同志为主要代表的中国共产党人在建设中国特色社会主义的实践中，加深了对什么是社

① 中共中央文献研究室，中央档案馆：《建党以来重要文献选编（1921—1949）》第 15 册，中央文献出版社 2011 年版，第 651 页。

会主义、怎样建设社会主义和建设什么样的党、怎样建设党的认识，积累了治党治国新的宝贵经验，形成了“三个代表”重要思想。党的十六大以后，以胡锦涛同志为主要代表的中国共产党人，坚持以邓小平理论和“三个代表”重要思想为指导，根据新的发展要求，深刻认识和回答了新形势下实现什么样的发展、怎样发展等重大问题，形成了以人为本、全面协调可持续发展的科学发展观。

年轻干部要加强对毛泽东思想、邓小平理论、“三个代表”重要思想和科学发展观的学习。马克思主义理论不会“过时”，中国化的马克思主义理论成果同样不会“过时”。有些党员干部认为过去的思想和理论是针对过去的问题所讲的，今天看来如果不能帮助解决当下的问题，那就可以不学。这样的想法是十分错误的，也是十分危险的。中国化的马克思主义是一脉相承的理论体系，年轻干部要十分珍视中国共产党人在接力推进马克思主义中国化的历史进程中积累的宝贵经验，要以科学态度对待马克思主义。尤其是正确处理坚持和发展、一脉相承和与时俱进的辩证统一关系，通过潜心研读原著，将中国化马克思主义的理论精髓和精神实质真正学懂弄通，是年轻干部加强理论武装的重要任务。

（三）学好马克思主义中国化时代化最新成果

党的十八大以来，以习近平同志为主要代表的中国共产党人，坚持把马克思主义基本原理同中国具体实际相结合、同中华优秀传统文化相结合，坚持毛泽东思想、邓小平理论、“三个代表”重要思想、科学发展观，深刻总结并充分运用党成立以来的历史经验，从新的实际出发，创立了习近平新时代中国特色社会主义思想。

习近平新时代中国特色社会主义思想，是马克思主义中国化时代化最新成果，是党和人民实践经验和集体智慧的结晶，是全党全国人民为实现中华民族伟大复兴而奋斗的行动指南。习近平新时代中国特色社会主义思想，系统回答了新时代坚持和发展什么样的中国特色社会主义、怎样坚持和发展中国特色社会主义，建设什么样的社会主义现代化强国、怎样建设社会主义现代化强国，建设什么样的长期执政的马克思主义政党、怎样建设长期执政的马克思主义政党等重大时代课题。

习近平新时代中国特色社会主义思想是当代中国马克思主义、二十一世纪马克思主义，是中华文化和中国精神的时代精华，实现了马克思主义中国化时代化新的飞跃。新时代年轻干部要把握好这一思想的世界观和方法论，坚持好、运用好贯穿其中的立场观点方法，必须坚持人民至上、自信自立、守正创新、问题导向、系统观念、胸怀天下。党的十九大、十九届六中全会提出的“十个明确”、“十四个坚持”、“十三个方面成就”概括了习近平新时代中国特色社会主义思想的主要内容，必须长期坚持并不断丰富发展。年轻干部要全面贯彻党的基本理论、基本路线、基本方略，更好地推动党和人民事业发展，就必须深刻学习领会习近平新时代中国特色社会主义思想的科学内涵和实践要求，紧密联系个人思想和工作实际去学，在学思践悟中融会贯通，真正做到内化于心、外化于行。

延伸阅读

毛泽东谈本领恐慌

现在我们的队伍里面发生了这样一个矛盾，就是我们的干部不学习便不能够领导工作……我们的八路军、新四军和游击队，所有的干部，在有威风之外，还要有本领，这就要学习……因此，我们队伍里边有一种恐慌，不是经济恐慌，也不是政治恐慌，而是本领恐慌。过去学的本领只有一点点，今天用一些，明天用一些，渐渐告罄了。好像一个铺子，本来东西不多，一卖就完，空空如也，再开下去就不成了，再开就一定要进货。我们干部的“进货”，就是学习本领，这是我们许多干部所迫切需要的。我们的干部要使工作做得好，就要多懂一点，单靠过去懂的一点还不够，那只是一知半解，工作虽然可以做，但是要把工作做得比较好，那就不行，要工作做得好，一定要增加他们的知识。无论党、政、军、民、学的干部，都要增加知识，才能把工作做得更好。

——毛泽东：在延安在职干部教育动员大会上的讲话（一九三九年五月二十日），《毛泽东文集》第2卷

二、严肃党内政治生活，做到政治上坚定

“求木之长者，必固其根本。”开展严肃认真的党内政治生活，是我们党的优良传统和政治优势。新时代年轻干部要做到信念坚定、对党忠诚，在实践上就要求年轻干部必须严肃党内政治生活，做到政治上的坚定。

（一）提高党内政治生活质量，营造良好政治生态

年轻干部要严格按照党纪党规的要求，严肃党内政治生活，提高党内政治生活的质量，营造良好政治生态。“自然生态要山清水秀，政治生态也要山清水秀。”① 习近平总书记曾这样比喻：如果池塘里有一条鱼死了，这是鱼的问题；如果池塘里一群鱼死了，可能就是水环境受到污染、水生态出了问题。所以，规范化、严肃性的党内政治生活，只有在良性的、良好的、健康的党内政治生态中才能得以存在和展开。换言之，良性健康的党内政治生态，就是党内政治生活规范化的外部条件、环境氛围。山西曾

①《习近平总书记同出席全国两会人大代表、政协委员共商国是纪实》，《人民日报》2015年3月15日01版。

经出现的"塌方式"腐败，13名省委常委落马4个、省部级高官落马7个，主要源于其良性政治生态被破坏。因此，严肃党内政治生活，年轻干部必须从自身出发，必须有意识地去培育良性健康的党内政治生态。

提高党内政治生活的质量，营造良好政治生态，要求年轻干部要有直面问题的勇气，提高解决问题的水平。年轻干部要充分认识到党内政治生活因素复杂，具体到一个地方、一个部门、一个单位，问题又会表现为不同的形式。严肃党内政治生活还要有持之以恒的态度和措施。净化政治生态绝非一朝一夕之功，党内政治生活平淡化庸俗化随意化的现象，好人主义、自由主义、形式主义等不良风气还不同程度地存在。一些党组织对党员的管理要求失之于宽、失之于软，党的组织生活不经常、不严肃、不管用。严格党内政治生活，贵在经常、重在认真、要在落实。年轻干部要带头严格执行党章党规中关于党内政治生活的各项规定，自觉贯彻执行民主集中制，认真落实"三会一课"、民主生活会、组织生活会、谈心谈话、民主评议党员和主题党日等制度，保证组织生活有实质内容、实际效果。

（二）增强政治定力，站稳政治立场

通过党性锻炼，增强政治定力。习近平总书记深刻指出："党内政治生活是锻炼党性、提高思想觉悟的熔炉。如果炉子长期不生火，或者生了火却没有足够的温度，那是炼不出钢来的。"党的十八大以来，习近平总书记多次强调要增强党员干部的政治定力，明确指出党员领导干部要坚守政治定力，做到政治信仰不变色、政治立场不动摇、政治方向不偏移。政治定力是年轻干部站稳脚跟的"定盘星"和经受风浪的"压舱石"。"咬定青山不放松，立根原在破岩中。千磨万击还坚劲，任尔东西南北风。"当今社会各种思潮纷繁复杂，各种信息肆意奔涌，各种诱惑纷至沓来。在大量的干扰与诱惑面前，专注地、心无旁骛地做事变得非常困难。作为党

员干部，越是在纷繁复杂的环境中，越要增强政治定力，确保政治合格。当人民利益受到损害、党和国家形象受到破坏、党的执政地位受到威胁时，年轻干部要挺身而出、亮明态度，主动坚决开展斗争。

信念坚定、对党忠诚，在实践上要求年轻干部一定要在大是大非面前坚决站稳政治立场。《关于新形势下党内政治生活的若干准则》明确要求，党员干部特别是高级干部在大是大非面前不能态度暧昧，不能动摇基本政治立场，不能被错误言论所左右。列出了新形势下党员干部在大是大非问题上的“负面清单”，划定了党内政治生活的“红线”。大是大非问题，是事关国家、政党、社会发展根本方向和前途命运的带有原则性、根本性、全局性、战略性、长远性的重大是非对错的问题。在当代中国，根本的大是大非问题就是在中国共产党的领导下，坚持和发展中国特色社会主义。大是大非问题考验的是党员干部的政治立场和政治定力，反映的是党员干部对党的忠诚度。面对大是大非问题，年轻干部“不能态度暧昧”，不能当“好好先生”“开明绅士”，不能含糊其词、语焉不详、不明所以。支持什么、反对什么，态度要鲜明准确，要理直气壮地说、光明正大地做。

（三）遵守政治纪律和政治规矩，用好党的组织生活

纪律严明是加强和规范党内政治生活的内在要求和重要保证。政治纪律和政治规矩是党最根本、最重要的纪律，遵守政治纪律和政治规矩是遵守党的全部纪律的基础。年轻干部必须严格遵守党的政治纪律和政治规矩，严格遵守《关于新形势下党内政治生活的若干准则》各项要求。对于散布违背党的理论和路线方针政策的言论、公开发表违背党中央决定的言论、泄露党和国家秘密、参与非法组织和非法活动、制造传播政治谣言及丑化党和国家形象的言论等严重违反政治纪律和政治规律的行为，年轻干部要坚决予以回击。党的各级组织和全体党员，尤其是年轻干部必须对党忠诚老实、光明磊落，

说老实话、办老实事、做老实人，如实向党反映和报告情况，反对搞两面派、做“两面人”，反对弄虚作假、虚报浮夸，反对隐瞒实情、报喜不报忧。

年轻干部要用好组织生活这个经常性手段，以实际行动切实增强党内政治生活的政治性、时代性、原则性、战斗性。年轻干部的显著特点之一就是能够紧随时代、紧跟潮流、精力旺盛、活力十足。比如，对批评和自我批评这个武器，年轻干部要大胆使用、经常使用、用够用好，使之成为一种习惯、一种自觉、一种责任，使这个武器越用越灵、越用越有效果。比如，当前网络信息技术飞速发展，年轻干部要积极关注网络信息时代条件下党员队伍出现的新变化，主动创新党内生活的内容和形式，增强党内政治生活的时代性。再比如，年轻干部要充分发扬钉钉子精神，将加强和规范党内政治生活的各项要求一丝不苟地落实到一言一行，抓早抓小、防微杜渐、刀刃向内、触动灵魂。年轻干部要进一步增强角色意识和政治担当，在党言党、在党忧党、在党为党，把爱党、忧党、兴党、护党落实到工作生活各个环节，敢于同形形色色违反党内政治生活原则和制度的现象作斗争。

三、切实注重实践历练，做到行动上自觉

一代人有一代人的使命，一代人有一代人的担当，一代人有一代人的长征。作为年轻干部，要信念坚定、对党忠诚，就必须将初心使命、理想信念、忠诚担当转化为行动自觉。年轻干部是党和国家事业的栋梁和希望，责任重大。但是年轻干部的成长、成熟是一个渐进的过程，不是一朝一夕就能成功的，不可能一蹴而就。

（一）要有脚踏实地的实践精神

年轻干部要在实践中孕育、锻炼和成熟起来，首先要有脚踏实地的精神。1911 年毛泽东从韶山冲来到岳麓山，在长沙求学，不久便参加了辛亥革命，

进新军当了一名列兵。毛泽东与士兵交朋友，尤其是出身铁匠和矿工的几个湖南兵，成了毛泽东的好朋友。为时半年的军营行伍生活，丰富了毛泽东的人生阅历和社会知识，使他在知识青年中具备了与众不同的素质，显得更为成熟，更有章法，更有方向。邓小平 1980 年在中央政治局扩大会议上的《党和国家领导制度的改革》重要报告中深刻指出："用坐火箭、坐直升飞机的办法提拔干部，我们再也不能这么干了。干部要顺着台阶上，一般的意义是说，干部要有深入群众、熟悉专业、积累经验和经受考验锻炼的过程。"

习近平总书记的成长经历就是一部年轻干部成长成材的教科书。年轻干部要深刻认识到艰苦磨砺的重要性，要尊重年轻干部的成长规律，墩苗砺炼，到条件艰苦、矛盾复杂的环境中锤炼党性、提升本领、增长才干。年轻干部要在平凡岗位上砥砺甘于奉献、踏实可靠的政治品质。1989 年出生的黄文秀研究生毕业后，回到家乡百坭村，奋战在脱贫攻坚第一线，直至生命的最后一刻。在岗位分工、任务分配上，年轻干部不要挑三拣四、拈轻怕重，而要勤勤恳恳、任劳任怨；年轻干部也要正确对待进退流转，既对党的事业保持进取心，又对职务晋升持有平常心，一心一意干好工作，把个人成长进步交给组织。年轻干部坚守自己的工作岗位，在自己的工作岗位上脚踏实地、尽职尽责、积极创新、主动作为，就是为实现中华民族伟大复兴作出贡献，就是在践行自己的理想和信念，就是在履行对党的承诺与忠诚。

（二）把政治历练当作终生课题

政治训练不可能毕其功于一役，不是搞几次培训就万事大吉了，而要持续用力、久久为功。加强年轻干部政治历练，说到底，要练就履职尽责的硬本领。习近平总书记指出："对有潜力的优秀年轻干部，还要让他们经受吃劲岗位、重要岗位的磨炼，把重担压到他们身上，在难事急事乃至'热锅上的蚂蚁'一样的经历中经受摔打。"年轻干部要注重在经济社会发展建设这一“主战场”历练，要把急难险重任务作为摔打成长的“集训地”。疫情防控、脱贫攻坚、防污治污、防汛减灾、安全生产等改革发展的“火山口”，是历练政治本领的“磨刀石”。年轻干部要“上火线”，在多种不确定因素交织中，学会处变不惊、从容应对，坚持原则、敢于斗争，熟练驾驭局面、稳妥审慎处理，磨砺出每临大事有静气的政治定力、沧海横流显本色的政治胆魄。在化解危机隐患中，增强如履薄冰、未雨绸缪的政治忧患意识，增强见微知著、把握先机的政治敏锐性，增强沉着应对、多谋善断的政治决断力，增强因势利导、因地制宜的政治灵活性。党员干部的政治能力不会随着时间推移而增长，只会随着实践锻炼而得到提升。年轻干部要把政治历练作为终身课题，在政治实践中有意识地进行锻炼和培养，在不断积累丰富政治经验的基础上提高政治能力。

（三）积极投身基层扎根沃土

年轻干部要积极投身基层，扎根到人民群众的沃土中。党员干部尤其是年轻干部应该始终端正心态，明确责任和使命，勇于跳出“舒适区”，积极投身基层提高解决实际问题的能力。要牢记人民群众就是我们党的根和血脉，要把对人民群众的真挚感情转化为深入基层的热情、服务群众的激情。人民群众对美好生活的向往是我们的奋斗目标。年轻干部要深入基层、深入群众，了解群众所思所盼、所求所愿、面临的问题和困难。“知屋漏者在宇下，知政失者在草野”。越是条件艰苦、困难大、矛盾多的地方，越能锤炼人，越能检验党员干部的政治底线，考验党员干部的政治定力。积极投身基层、深入群众，沉下心、接地气、练本事。这样，才能使年轻干部在与群众密切联系的过程中增进与人民群众的感情，从而汲取政治养分；才能在艰难困苦的条件下与人民群众打成一片。

年轻干部要通过挂职、任职、执行专项任务等灵活多样的方式下基层，接地气、察实情，深入了解政策在“最后一公里”的落实情况，学会从基层的角度思考问题，提高研判形势、制定政策的能力水平。年轻干部要敢于把自己放到烦琐复杂的基层事务中去摸爬滚打，多捧几块“烫手山芋”，多经历几次“风吹浪打”，多当几回“热锅上的蚂蚁”，这样才能让自己的筋骨练得更加皮实，成长得更壮实，不断提高解决实际问题的能力。心中有信仰，脚下有力量。年轻干部要用科学的理念、长远的眼光、务实的作风谋划事业；以坚忍不拔的意志和无私无畏的勇气战胜前进道路上的一切艰难险阻；在实践历练中增长经验智慧，在经风雨、见世面中强身健体、成为栋梁。

四、发扬党的传统作风，做到精神上传承

我们党团结带领人民取得了革命、建设、改革的伟大成就，很重要的一条就是我们党在长期实践中培育并坚持了一整套光荣传统和优良作风。党的光荣传统和优良作风，是党在革命、建设、改革过程中积累的宝贵财富，是我们党的性质和宗旨的集中体现，是我们党区别于其他政党的显著标志。新时代广大年轻干部做到信念坚定、对党忠诚，必须继承和弘扬党的优良传统和作风，将一代又一代中国共产党人的优良传统和作风继承下来，发扬光大，将党的伟大精神传承下去。

（一）以党的先进模范人物为榜样

习近平总书记在2021年春季学期中央党校（国家行政学院）中青年干部“开学第一课”上强调“年轻干部是党和国家事业接班人，必须立志做党的光荣传统和优良作风的忠实传人”。继承和弘扬党的光荣传统和优良作风，要向老一辈无产阶级革命家学习，要向党的先进模范人物学习。2016年11月29日，习近平总书记在纪念朱德同志诞辰130周年座谈会上

强调，“我们纪念朱德同志，就是要学习他追求真理、不忘初心的坚定信念。朱德同志经历过旧民主主义革命的失败，从切身体验中认识到，旧的道路走不通了，只有马克思主义才是解决中国问题的真理。在确立马克思主义信仰、树立为共产主义事业奋斗的崇高理想后，无论面对什么样的艰难险阻和重大挫折，他始终没有动摇”。党员干部楷模杨善洲生动地向世人诠释了一名共产党人六十年如一日对理想信念的坚守。这样的人物和事例不胜枚举，都是新时代年轻干部学习的榜样。

（二）永远把伟大建党精神传承下去

树高千尺有根，水流万里有源。继承和弘扬党的光荣传统和优良作风，要传承伟大建党精神。在庆祝中国共产党成立100周年大会上，习近平总书记强调：“一百年前，中国共产党的先驱们创建了中国共产党，形成了坚持真理、坚守理想，践行初心、担当使命，不怕牺牲、英勇斗争，对党忠诚、不负人民的伟大建党精神，这是中国共产党的精神之源。”[①] 伟大建党精神承载着中国共产党人经受任何风险考验、战胜任何艰难险阻的精神密码。我们已走过千山万水，但仍需跋山涉水。历史和实践证明，中国共产党的“赶考”之路还没有结束，年轻干部绝不能有半点骄傲自满、故步自封、犹豫不决、徘徊彷徨，必须勇立潮头、奋勇搏击，以时不我待、只争朝夕的精神，走好新时代的赶考路。年轻干部要从中国共产党的精神之源吸收营养、汲取力量，以信仰理想引领前行之路，以初心使命锚定奋斗目标，以英勇斗争开辟前进道路，以忠诚之心铸就强大根基。年轻干部要立志在新的征程上创造新的辉煌，永远把伟大建党精神传承下去、发扬光大。

---

① 习近平：《在庆祝中国共产党成立100周年大会上的讲话》，《人民日报》2021年7月2日，第2版。

（三）传承党的光荣传统和优良作风

传承党的光荣传统和优良作风，必须坚持理论联系实际。邓小平明确指出，只有解放思想，坚持实事求是，一切从实际出发，理论联系实际，我们的社会主义现代化建设才能顺利进行，我们党的马列主义、毛泽东思想的理论也才能顺利发展。实践已经多次证明，理论联系实际坚持得好，党和人民事业就能不断取得一个又一个新的胜利。新时代广大年轻干部要加强理论学习，注重调查研究，做到学以致用，练就理论联系实际的硬功夫。

传承党的光荣传统和优良作风，必须坚持密切联系群众。人民群众是历史的创造者，是决定党和国家前途命运的根本力量。我们党的根本宗旨、初心使命都决定了党员干部必须密切联系群众。密切联系群众是我们党的最大政治优势，党执政后的最大危险是脱离群众。广大年轻干部要充分认识密切联系群众的重大意义，解决好“我是谁、为了谁、依靠谁”的问题，在工作中坚持一切为了群众，一切依靠群众，从群众中来，到群众中去，用心用情用力解决好群众“急难愁盼”问题。

传承党的光荣传统和优良作风，必须坚持批评与自我批评。“流水不腐，户枢不蠹。”严肃党内政治生活、促进党员干部自我完善、自我净化、自我革新、自我提高，要善于运用批评与自我批评这一锐利武器。年轻干部要打破“自我批评难，相互批评更难”的局面，用好防身治病的武器。一些党员干部之所以热衷于潜规则，为人情所困、为利益所惑，怕结怨树敌、怕引火烧身，不敢真批评，也不愿接受同志对自己的批评，归根结底还在于丢失了理想信仰，丧失了党性。严肃党内政治生活，提高党内政治生活质量，在相当程度上取决于批评和自我批评这个武器用得怎么样。

传承党的光荣传统和优良作风，必须坚持艰苦奋斗。艰苦奋斗是中华民族的传统美德。习近平总书记指出，不论我们国家发展到什么水平，不论人民生活改善到什么地步，艰苦奋斗、勤俭节约的思想永远不能丢。艰苦奋斗、勤俭节约，不仅是我们一路走来、发展壮大的重要保证，也是我们继往开来、再创辉煌的重要保证。回望百年，中国共产党人依靠艰苦奋斗走到今天；展望未来，中国共产党人也必然要依靠艰苦奋斗赢得未来。广大年轻干部要接过艰苦奋斗的接力棒，培育积极健康的生活情趣，坚持以俭修身、以俭兴业，坚持厉行节约、勤俭办事。

延伸阅读

听党话　跟党干

“我完全听共产党的话！要我怎样干就怎样干！”

1927 年，白色恐怖笼罩整个中国。在共产党最危难时刻，当时尚不是共产党员的贺龙毅然站在共产党一边。6 月中旬，贺龙就任国民革命军暂编第二十军军长。6 月底，贺龙在汉口俄租界鲍罗廷公馆，结识了许多中共要人。

7 月初，周恩来在周逸群的陪同下会见了贺龙。这是他俩的首次晤面。贺龙紧握周恩来的手说：“你的大名，我早就晓得。逸群对你钦佩得很呢。如今见面胜似闻名喽。”周恩来说：“疾风知劲草，我们对你是很钦佩的。”谈话中，周恩来分析了形势，谈了共产党对时局的看法，精辟的见解使贺龙深受启发。

7 月 20 日，中共中央决定在南昌举行武装起义。23 日，贺龙率部从鄂东抵达九江。中共中央政治局委员谭平山会见了贺龙。谭平山认真又严肃地说：“共产党决定开展独立的军事行动，希望你率二十军和我们一起行动。”贺龙说：“好！信任我贺龙，我当然唯命是从。”谭平山兴奋地说：“我要谢谢你！有二十军参加，就更有把握胜利了。”贺龙则说：“谁也莫谢谁，我们大家一条心，为中国工农做一点点子事情嘛！”

26日，贺龙率部抵达南昌。28日，南昌起义前委书记周恩来到设在子固路的第二十军指挥部去看贺龙。他紧握贺龙的手说：“我来拜访你，不是礼节性的。开门见山，我是找你商量起义计划的，我们立刻就谈行吗？”贺龙点头道：“好极了！我洗耳恭听。”周恩来大笑：“洗耳恭听是不够的，你是大将军，光动耳朵怎么成？还是要动手动脚动枪动炮呢！”贺龙也笑了。周恩来当即把起义计划告诉了贺龙，征求其意见。贺龙毫不犹豫：“我完全听共产党的话！要我怎样干就怎样干！”周恩来点了点头说：“共产党对你下达的第一个命令就是党的前委委任你为起义军总指挥！”

贺龙一怔，讷讷地说：“我还没有入党……”周恩来盯着贺龙：“你看，你刚刚讲过完全听共产党的命令，怎么第一个命令就不听？”听了这话，贺龙非常激动，立即行了个军礼说：“好，我坚决服从！”周恩来当即以前委名义任命贺龙为起义军总指挥。

31日下午2时，贺龙在第二十军指挥部召集团以上军官开会，他说：“今天召集大家来，有件重要的事情要谈。大家都知道，国民党已经叛变了革命，国民党已经死了。我们今天要重新树立起革命的旗帜，反对反动政府。”停顿片刻，贺龙以冷峻目光扫视会场，继续说，“根据共产党的命令，我决定带部队起义。你们愿意跟我走的，我们一块儿革命；不愿意跟我走的，可以离开部队”。贺龙讲话掷地有声。军官们当即表示：“军长决定怎么办就怎么办，我们坚决跟着走！”贺龙高兴地说：“好！从今以后，我们要听共产党的领导，绝对服从共产党的命令。”

8月1日凌晨2时，周恩来下达了战斗命令。经过4小时激战，南昌起义取得了胜利。不久后，贺龙在瑞金加入了中国共产党。“组织上对贺龙同志是很了解的，他由一个贫苦农民经过斗争，成为国民革命军暂编第二十军军长很不容易。多年来，他积极追求真理，是经过考验的，是信得过的。”周恩来在入党仪式上深情地说：“贺龙同志是一个好同志。”

——节选自戴和杰、何剑芳：《对党忠诚的贺龙》，《中国纪检监察报》2019年3月22日

第二章

注重实际 实事求是

经典语录

我们开会，作报告，作决议，以及做任何工作，都为的是解决问题。我们说的做的究竟能不能解决问题，问题解决得是不是正确，关键在于我们是否能够理论联系实际，是否善于总结经验，针对客观现实，采取实事求是的态度，一切从实际出发。我们只有这样做了，才有可能正确地或者比较正确地解决问题，而这样地解决问题，究竟是否正确或者完全正确，还需要今后的实践来检验。如果我们不这样做，那我们就一定什么问题也不可能解决，或者不可能正确地解决。

——《邓小平文选》(第二卷)，人民出版社 1994 年版，第 113—114 页在 2021 年秋季学期中央党校（国家行政学院）中青年干部培训班开班式上，习近平总书记对年轻干部练好内功、提升修养提出明确要求，其中一个重要方面就是“注重实际、实事求是”。实事求是是中国共产党人认识世界和改造世界的根本要求，是我们党的根本思想方法、工作方法和领导方法，是党带领人民推动中国革命、建设和改革事业不断取得胜利的重要保证。建党一百年来，中国共产党人始终坚持注重实际、实事求是，不断探索中国革命、建设和改革的成功道路，带领中国人民书写了辉煌伟业。坚持注重实际、实事求是，不仅是一个百年大党的成功密码，更为年轻干部提供了成长秘诀。新时代广大年轻干部要扎根中国大地，把实事求是贯彻到工作全过程，不折不扣地把党中央决策部署落到实处，更好地肩负起新时代的职责和使命，努力成为可堪大用、能担重任的栋梁之才。

第一节
充分认识注重实际、实事求是的重大意义

纵观我们党的百年历史，实事求是是贯穿党的全部实践和全部理论的一条基本线索。一部中国共产党的革命、建设和改革的历史，就是一部马克思主义中国化的历史，就是党领导全国各族人民注重实际、实事求是地认识中国、改造中国、建设中国、发展中国的历史。在新的征程上，坚持注重实际、实事求是，对于我们把握新形势、解决新问题、迎接新挑战、完成新任务，不断推进党和国家事业更好发展具有十分重要的意义。

一、注重实际、实事求是是马克思主义的根本观点

在马克思主义发展史上，马克思、恩格斯创立了辩证唯物主义和历史唯物主义的思想路线，虽然没有直接用过“实事求是”这个词汇，但他们所创立的学说，突出强调的就是实事求是。注重实际、实事求是之所以重要，首先是因为实践性是马克思主义哲学的根本特征。在马克思主义产生以前，哲学家们只是从客体或直观的形式去理解对象、现实，而把人类活动排除在实践之外，是一种纯粹的“经院哲学”。马克思就曾批评德国的哲学，说它的特点就是喜欢幽静孤独，闭关自守，并醉心于淡漠的直观……用现在的话说，就是脱离生活、脱离实际、脱离人民。而马克思主义认为，实践是人能动地改造客观世界的物质活动，是人所特有的对象性的感性活动。马克思在《关于费尔巴哈的提纲》中明确指出：“人的思维是否具有客观的真理性，这并不是一个理论的问题，而是一个实践的问题。”他还提出了“全部社会生活在本质上是实践的”这一根本观点，从而揭示了实践在

人类生活中的根本地位，建立了以批判和改造旧世界为使命的新的辩证唯物主义世界观和方法论。

在马克思主义哲学体系的理论大厦中，实践的观点是首要的观点和基本的观点。它以实践为基础，将辩证法与唯物主义、辩证唯物主义自然观和历史观统一起来，既强调认识对实践的指导作用，也强调实践对认识的决定作用，认为实践是认识的基础和源泉，是认识发展的动力，也是检验认识是否具有真理性的根本标准。马克思和恩格斯作为马克思主义理论的创立者，十分注重实际，经常深入社会了解真实情况，探寻社会的发展规律。马克思通过深入农村、工厂调查研究，了解农民的贫困和工人受压迫状况，积累了丰富的第一手资料，为创立无产阶级革命的理论打下了坚实的基础。恩格斯早年对欧洲各国的工人阶级状况作了深入调查，完成了《英国工人阶级状况》这一重要著作，为无产阶级革命事业指明了道路。恩格斯强调："马克思的整个世界观不是教义，而是方法。它提供的不是现成的教条，而是进一步研究的出发点和供这种研究使用的方法。"[①] 马克思主义的具体结论、具体论断、具体原理可以随着时间、空间、地点诸条件的变化而发生变化。因此，马克思主义本身就是从实际中产生和发展起来的，没有注重实际、实事求是，就没有马克思主义本身，就没有创造性的马克思主义，更没有俄国十月革命与中国革命的胜利。

马克思主义是不断发展的、开放的理论。马克思主义传到俄国得到了很大的发展，而且落地生根，开花结果，这就是十月革命的胜利。在中国，共产党人掌握运用马克思主义这个科学正确的理论，历经革命、建设和改革的伟大实践，创立和形成了毛泽东思想、邓小平理论、"三个代表"重要

① 《马克思恩格斯文集》（第十卷），人民出版社 2009 年版，第 691 页。

思想、科学发展观、习近平新时代中国特色社会主义思想等一系列理论成果，极大丰富和发展了马克思主义理论，为党和人民事业发展提供了科学理论指导，不断开辟马克思主义新境界。正如邓小平所说："实事求是是马克思主义的精髓。"马克思主义发展史，可以说是一部注重实际、实事求是的历史。不管是马克思主义的产生，还是其后来的发展，每一步都离不开实际。马克思主义理论就是在注重实际、实事求是中不断获得延续的力量，并继续朝着更高的方向发展。

二、注重实际、实事求是是中国共产党的光荣传统

对待马克思主义理论是作教条主义的理解，还是坚持实事求是，一切从实际出发，历来是一个基本原则问题。列宁曾经作了透彻的说明："马克思主义者必须考虑生动的实际生活，必须考虑现实的确切事实，而不应当抱住昨天的理论不放……"① 历史是最好的教科书，也是最好的营养剂。回顾党的历史，我们党是靠实事求是起家和兴旺发展起来的。中国共产党人革命、建设和改革的历史，就是一部注重实际、实事求是的伟大而曲折的历史，实事求是就是这部波澜壮阔的中国革命建设史诗中的灵魂。早在中国共产党成立之前的1919年，李大钊在和胡适争论"问题与主义"时，就提出："一个社会主义者，为使他的主义在世界上发生一些影响，必须要研究怎么可以把他的理想尽量应用于环绕着他的实境。"② 中国共产党成立以后，就义无反顾肩负起实现中华民族伟大复兴的历史使命，团结带领人民进行了艰苦卓绝的斗争。斗争的第一步，就是先了解中国国情并据此提出

① 《列宁选集》(第三卷)，人民出版社2012年版，第26—27页。

② 《李大钊文集》(下册)，人民出版社1984年版，第84页。

革命路线图，开启了党独立自主解决中国革命问题的新阶段。毛泽东指出："从客观的真实的情况出发，而不是从主观的愿望出发。""要使马克思列宁主义的理论和中国革命的实际运动结合起来，是为着解决中国革命的理论问题和策略问题而去从它找立场，找观点，找方法的。"①

建党一百年来，以毛泽东、邓小平、江泽民、胡锦涛、习近平等同志为代表的中国共产党人坚持从中国实际出发，了解中国国情，并根据马克思主义基本原理，正确解决了实践中遇到的实际问题，领导团结全国各族人民取得了中国革命、建设、改革的巨大成就。正是由于以毛泽东为代表的中国共产党人坚决反对照搬照抄苏联革命经验，坚持从我国农村多、农民多、城市经济不发达、工人阶级力量相对比较薄弱的实际出发，把马克思主义普遍真理与中国具体实际相结合，坚定不移地走农村包围城市、武装夺取政权的革命道路，中国革命才取得了伟大胜利；正是由于以邓小平为代表的中国共产党人，坚持实践是检验真理的唯一标准，坚持从在中国这样经济文化比较落后的国家建设社会主义的实际出发，坚定不移走中国特色的社会主义道路，中国的改革开放和社会发展才取得了巨大成就。②在新时代，正是由于以习近平同志为代表的中国共产党人坚持明确的问题导向，把马克思主义基本原理同新时代中国具体实际结合起来，团结带领人民进行伟大斗争、建设伟大工程、推进伟大事业、实现伟大梦想，才成功推动党和国家事业取得全方位、开创性历史成就，发生深层次、根本性历史变革，中华民族迎来了从站起来、富起来到强起来的伟大飞跃。

在党的百年征程中，也有过多次挫折和失败。无论是民主革命时期出

---

①《毛泽东选集》(第三卷)，人民出版社 1991 年版，第 801 页。

② 李军：《谈谈领导干部坚持实事求是》，《光明日报》2016 年 2 月 24 日。

现的右倾机会主义和“左”倾机会主义，还是社会主义建设时期由于党对客观形势的错误判断导致的思想和路线的偏离，在这中间，除了敌我力量悬殊、客观条件不足等因素外，几乎无一例外都与未能坚持甚至违背注重实际、实事求是的原则有关。正反两个方面的事实告诉我们，注重实际、实事求是是党带领人民推动中国革命、建设、改革事业不断取得胜利的重要法宝，任何时候都要坚持、都不能丢掉。马克思主义为我国的社会主义事业指明了方向，但是不能代替我们去思考和解决中国社会主义进程中的具体问题。只有真正做到实事求是、一切从实际出发，才能保证国家始终沿着社会主义道路前进，才能实现党和国家的长治久安。

三、注重实际、实事求是是党的事业胜利的重要保证

注重实际、实事求是是党的思想路线的重要内容，是中国共产党从小到大、由弱到强、不断从胜利走向胜利的必要条件。党的思想路线是制定和执行党的政治路线的基础，只有思想路线正确，才能正确认识国情，把握革命、建设和改革的规律，制定出正确的路线方针政策，赢得一个又一个胜利。否则，我们的事业就会走弯路，甚至会失败。建党一百年来，中国共产党人坚持注重实际、实事求是，创造性地把马克思主义的一般原理应用于中国的具体环境和具体条件，取得了一系列巨大成就。我们坚持的马克思主义是同中国具体实际相结合、同中华优秀传统文化相结合的马克思主义，我们坚持的社会主义是结合中国革命、建设和改革实际的中国特色社会主义。只有一切从实际出发，做到实事求是，我们才能更加全面、准确地贯彻执行党的路线方针政策，才能排除各种错误倾向的干扰，才能避免和减少在工作中出现片面性、绝对化。

注重实际、实事求是是我们把握新形势、解决新问题、迎接新挑战的

科学方法和思想武器。我们党已经执政70多年，尽管与民主革命时期相比，党的历史地位和作用发生了根本的变化，我们面临的问题和任务已有根本的不同，但是对注重实际、实事求是的要求没改变，而且要求更高。当今世界正经历百年未有之大变局，我国正处在实现中华民族伟大复兴的关键时期。社会体制深刻变革，社会结构深刻变动，利益格局深刻调整，思想观念深刻变化，经济社会发展面临的主要问题也发生了重大转变，需要研究解决的新情况、新问题、新矛盾比过去任何时候都更加复杂。中国特色社会主义是中华民族伟大复兴道路上全新的事业，没有现成的经验可以照搬和借鉴，只能从中国现有的实际出发，不断深化对中国特色社会主义的规律性认识，开创中国特色社会主义新局面。

注重实际、实事求是是正确决策的成功之道。决策是领导者的基本职能之一，注重实际、实事求是是一名领导者科学决策的重要环节。决策是否正确，取决于领导者是否从实际出发，实事求是；取决于领导者在实际调查研究中获得对客观事物的正确认知。习近平总书记指出："我们担负领导工作的干部，在对重大问题进行决策之前，一定要有眼睛向下的决心和甘当小学生的精神，迈开步子，走出院子，去车间码头，到田间地头，进行实地调研，同真正明了实情的各方面人士沟通讨论，通过'交换、比较、反复'，取得真实可信、扎实有效的调研成果，从而得到正确的结论。"① 现在，我们已经实现了第一个百年奋斗目标，正在意气风发向着全面建成社会主义现代化强国的第二个百年奋斗目标迈进。新征程上，我们面临着难得机遇，也面临着严峻挑战。在国际风云变幻中构建新发展格局，在世界经济复苏乏力背景下实现高质量发展，在推动绿色发展中实现碳达峰碳中

① 习近平：《之江新语》，浙江人民出版社2007年版，第154页。

和，在推动区域协调发展中逐步实现全体人民共同富裕……做好这些工作，迫切需要广大干部特别是年轻干部起而行之、勇挑重担，更加自觉地从实际出发，真正把实事求是贯彻落实到推动经济社会发展的全过程、各方面。

延伸阅读

注重实际、实事求是的成功范例

大革命失败后，中国革命的道路应当怎么走，这是摆在中国共产党面前的新问题。毛泽东领导湘赣边秋收起义，开始是按照湖南省委的计划，以夺取湖南省会城市长沙为目标。起义军虽然按计划先后占领了醴陵、浏阳等县城，但遭到强大反动军队的阻击，革命军损失惨重，夺取长沙的目标决无实现的可能。在此情况下，毛泽东当机立断，改变原有的战略部署，率领部队迅速撤往浏阳，尔后沿罗霄山脉向湘南及赣西南方面转移，最终在敌人统治力量比较薄弱的罗霄山脉中段寻找到了立足点，在井冈山建立了第一个农村革命根据地。在党的领导下，开展了以土地革命为中心内容，以武装斗争为基本形式，以农村根据地为战略基础，形成三者紧密结合的“工农武装割据”局面，制定出军队建设、党的建设、政权建设、土地革命等一系列方针政策，成为中国革命重心由城市转向农村的具有战略意义的新起点。这是毛泽东等老一辈无产阶级革命家实事求是、一切从实际出发、敢于开拓创新的成功范例，在国际共产主义运动中也是一个伟大创举。

——刘宇祥：《井冈山革命斗争时期共产党人的初心和使命》，《党史博采》2020年第05期

第二节
注重实际、实事求是的发展脉络和核心要义

实事求是，是马克思主义认识论中国化的理论概括，是中国共产党人思想和行为的基本准则，对党的事业发展意义深远。长期以来，中国共产党坚持注重实际、实事求是，把马克思主义的立场观点方法贯彻到革命、建设和改革不同时期的工作之中，找到了一条实现民族独立、人民解放和国家富强、人民幸福的正确道路，取得了辉煌成就。中国共产党的百年历程，就是百折不挠、坚持不懈探索真理的非凡历程，就是把实事求是贯穿于我们党的全部实践、全部理论的光辉历程，就是靠注重实际、实事求是起家和兴旺发展起来的历程。

一、注重实际、实事求是的发展脉络

“实事求是”一词，最早出自东汉班固编撰的《汉书·河间献王传》，书中用“修学好古，实事求是”称赞河间献王刘德的治学态度。唐代颜师古所作的注，将“实事求是”一词解释为：“务得事实，每求真是也。”意思是说，研究学问，追求事物的原理，必须掌握充分的事实根据，用事实说话，然后再从事实中找出真实的结论。清初唯物主义哲学家王夫之主张即事穷理、即物穷理，认为“有即事以穷理，无立理以限事”。曾国藩把“即事穷理”“即物穷理”与“实事求是”结合起来加以论述，他说：“夫所谓事者非物乎？是者非理乎？实事求是，非即朱子所称即物穷理者乎？”①

①《曾国藩全集·诗文》，岳麓书社 1986 年版，第 166 页。

之后“实事求是”流传下来，成为治国安邦的千古格言，并逐步从研究领域延伸到现实社会领域，泛指求真务实的治学、治国、处世的态度。后来，以毛泽东为代表的中国共产党人将“实事求是”赋予新的含义，使之成为党的思想路线的核心概念，并成为马克思主义与中国传统文化相结合的光辉体现。

（一）在对中国革命正确道路的艰苦探索中，我们党形成了注重实际、实事求是的光荣传统

建党初期，处在幼年时期的中国共产党，虽然对革命运动的认识还不深刻，对中国革命的实际缺乏深刻的了解，但是作为两者结合的实际进程已经开始。比如，在1922年中共二大上明确提出了党的最高纲领是实现社会主义和共产主义，最低纲领是打倒军阀；推翻国际帝国主义的压迫；统一中国为真正的民主共和国。这是我们党从实际出发，实事求是提出来的纲领。

在中国共产党的历史上，最早自觉地运用注重实际、实事求是思想解决中国革命实际问题的是毛泽东。早在第一次国内革命战争时期，毛泽东就深入实际调查中国社会的阶级状况和农民运动状况，写下了《中国社会各阶级的分析》和《湖南农民运动考察报告》等著作。1927年领导秋收起义和开辟井冈山革命根据地，是以毛泽东为代表的中国共产党人从中国实际出发、实事求是地探索中国革命道路的重要一步。在进行井冈山斗争的过程中，毛泽东创造了许多好的经验，并把实践经验上升到理论，系统地阐述了工农武装割据的思想。1930年1月和5月，他先后写下《星星之火，可以燎原》《反对本本主义》两篇文章，系统总结了井冈山斗争的经验，对八七会议以来党内一直存在“左”倾教条主义以及悲观主义和形式主义进行了深刻批判。他在《反对本本主义》一文中，集中论述了调查研究的问

题，明确提出“没有调查，就没有发言权”，强调必须努力使马克思主义中国化，不能离开中国的特点空谈马克思主义，也不能照搬别国的经验。后来，毛泽东又撰写了《辩证法唯物论提纲》《实践论》《矛盾论》，不仅阐述了辩证唯物主义的基本原理，还创造性地发展了马克思主义哲学认识论和方法论。

1938 年 10 月，毛泽东在党的六届六中全会的报告中，正式使用了“实事求是”这个概念。他指出：“共产党员应是实事求是的模范，又是具有远见卓识的模范。因为只有实事求是，才能完成确定的任务；只有远见卓识，才能不失前进的方向。”[①] 同时毛泽东还向全党提出了“使马克思主义在中国具体化”的任务。1942 年前后，党中央在延安开展了整风运动。在整风期间，毛泽东先后作了《改造我们的学习》《整顿党的作风》《反对党八股》等报告。在这些报告中，毛泽东以中国革命的实际问题为中心，运用马克思主义哲学原理和立场、观点、方法，结合对主观主义特别是教条主义学风的分析批判，进一步阐述了从实际出发，实事求是，理论和实践相统一的思想路线。在毛泽东的大力倡导下，经过延安整风运动和党的七大，实事求是的思想在全党蔚然成风，深入人心，党的实事求是的思想路线完全确立起来。

（二）在对社会主义建设道路的艰难探索中，我们党坚持了注重实际、实事求是的光荣传统

新中国成立以后，中国共产党继续坚持实事求是的思想路线，创造性地开辟了一条适合中国特点的社会主义改造道路，取得了生产资料私有制社会主义改造的历史性胜利，消灭了在中国延续几千年的封建剥削压迫制

---

① 《毛泽东选集》（第二卷），人民出版社 1991 年版，第 522—523 页。

度，在我国确立了社会主义基本制度，发展了社会主义的经济、政治和文化，为当代中国一切发展进步奠定了政治前提和制度基础。在这期间，由于我们党在某些工作中偏离了一切从实际出发、实事求是的正确路线，用主观臆想代替从实际出发，犯过一些“左”的错误，教训深刻。

鉴于我们党在 50 年代中期以后，由于背离了实事求是的思想路线，给我国社会主义事业造成严重挫折的教训，毛泽东于 1961 年初重提调查研究，号召全党要“大兴调查研究之风，一切从实际出发”。随后，党中央也作出了相应部署，要求各级领导干部要认真学习毛泽东注重调查研究的思想方法和工作方法，广泛深入基层，亲自进行调查研究。党中央要求，要造成风气，使调查研究“一切从实际出发”“不调查就没有发言权”成为全党干部的思想和行动的首要准则。经过党中央的大力倡导和毛泽东的身体力行，党在相当程度上纠正了 1958 年以来的“左”倾错误，恢复了实事求是的思想路线，我国社会主义建设事业又得到了蓬勃发展。1961 年作为调查研究年和实事求是年，为党的历史谱写了重要的一页。

（三）在对改革开放和社会主义现代化建设的不懈探索中，我们党发展了注重实际、实事求是的光荣传统

党的十一届三中全会以后，以邓小平同志为核心的党的第二代中央领导集体，旗帜鲜明地反对“两个凡是”，在全党开展真理标准问题大讨论，逐步确立了解放思想、实事求是的思想，实现了新中国成立以来党的历史上具有深远意义的伟大转折。邓小平提出：“实事求是，是无产阶级世界观的基础，是马克思主义的思想基础。过去我们搞革命所取得的一切胜利，是靠实事求是；现在我们要实现四个现代化，同样要靠实事求是。”[①]党

①《邓小平文选》（第二卷），人民出版社 1994 年版，第 143 页。

的十三届四中全会以来，以江泽民同志为核心的党的第三代中央领导集体，根据实践的要求进行理论创新，确立了解放思想、实事求是、与时俱进的思想路线，推动中国特色社会主义事业不断向前发展。党的十六大以来，以胡锦涛同志为总书记的党中央大力弘扬求真务实精神，大兴求真务实之风，赋予了注重实际、实事求是新的时代内涵。

党的十八大以来，以习近平同志为核心的党中央，以巨大的政治勇气和责任担当，把注重实际、实事求是贯穿到治国理政各个方面、各个环节，在实践中积累了新的宝贵经验。主要表现在：一是强调解放思想，形成了马克思主义中国化的最新理论成果——习近平新时代中国特色社会主义思想，其思想的精髓和灵魂依然是实事求是。二是注重从实际出发，形成了符合我国国情、顺应时代潮流的新发展理念。三是强调真抓实干，要求广大干部要增强干实事的本领，做到全心全意为人民服务。四是践行群众路线，始终坚持以人民为中心，把改革的成果更多地惠及人民群众。

回顾历史，我们会发现，实事求是作为党的思想路线的核心，在我们党的历史上经历了从形成确立到背离再到重新确立和发展的过程。在改革开放和现代化建设过程中，我们党在关键时刻作出的每一个重大决策，都是以注重实际、实事求是为前提的。从农村家庭联产承包责任制、发展乡镇企业到城市改革的全面实行，从创办经济特区、引进外资到全方位的对外开放，从提出社会主义初级阶段理论到形成社会主义市场经济理论，从从严治党到全面从严治党，都是坚持注重实际、实事求是的成果。习近平总书记指出："实践反复证明，坚持实事求是，就能兴党兴国；违背实事求是，就会误党误国。"这对于我们在新时代毫不动摇地坚持注重实际、实事求是，具有十分重要的理论价值和指导意义。

二、注重实际、实事求是的核心要义

什么是注重实际、实事求是？毛泽东曾经对实事求是作了经典性的表述，为我们正确认识和理解“注重实际、实事求是”提供了重要指导。1941 年 5 月，毛泽东在《改造我们的学习》中指出：“‘实事’就是客观存在着的一切事物，‘是’就是客观事物的内部联系，即规律性，‘求’就是我们去研究。我们要从国内外、省内外、县内外、区内外的实际情况出发，从其中引出其固有的而不是臆造的规律性，即找出周围事变的内部联系，作为我们行动的向导。”①在这段论述中，内含着一切从实际出发、实事求是、理论联系实际、在实践中检验真理和发展真理等基本观点，反映了我们认识真理的全部过程。

（一）基础在于搞清“实事”

坚持实事求是，最基础的工作在于搞清楚“实事”，就是了解实际、掌握实情。辩证唯物主义认为，社会存在决定社会意识，对社会正确认识的形成来源于对客观事物的了解和对规律的把握。这就要求我们必须不断地对实际情况作深入系统而不是粗枝大叶的调查研究，使思想、行动、决策符合客观实际，否则就会出现主观愿望与实际效果相背离的情况，导致工作失误，甚至产生全局性的错误。

坚持实事求是的最根本要求就是坚持一切从实际出发。通过调查研究，真正掌握全面、真实、丰富、生动的第一手材料，真正掌握“实事”的客观实际情况，搞清楚本地区本部门本单位的实际情况，搞清楚影响改革发展稳定的突出问题，及时了解人民群众的所思所盼，这样才能真正掌握客

① 《毛泽东选集》（第三卷），人民出版社 1991 年版，第 801 页。

观实际中的“实事”，做到耳聪目明、心中有数，这是进行一切科学决策所必需的也是唯一可靠的前提和基础。

（二）关键在于“求是”

坚持注重实际、实事求是，关键在于“求是”，就是探求和掌握事物发展的规律。所谓规律，就是事物内部的、本质的、必然的联系。这种联系不断重复出现，在一定条件下经常起作用，并且决定着事物必然向着某种趋向发展。在实践中，很多同志有做好工作的真诚愿望，也有干劲，但面对新情况新问题，由于不懂规律、不懂门道，还是习惯于用老思路老套路来应对，结果是虽然做了工作，可是事与愿违，甚至搞出一些南辕北辙的事情来。

坚持实事求是，就要深入实际了解事物的本来面貌，要透过现象看本质，从零乱的现象中发现事物内部存在的必然联系，从客观事物存在和发展的规律出发，在实践中按照客观规律办事。对事物客观规律的认识，只能在实践中完成。勇于实践、善于实践，在实践中积累经验、进行理论升华，再用于指导实践、推动实践，在实践中使认识得到检验、修正、丰富和发展，这是认识客观规律的根本途径，也是把握客观规律的必由之路。我们作决策、办事情、谋发展都要认识规律、遵循规律。从这个意义上说，能否坚持实事求是，能否按客观规律办事，这是决定我们的工作，特别是领导工作有无主动权和得失成败的关键所在。

（三）根本在于始终坚持群众路线

坚持注重实际、实事求是，根本在于始终坚持党的群众路线。群众路线是我们党的生命线和根本工作路线，与实事求是的思想路线相辅相成、完全统一。一方面，实事求是是在实践基础上认识世界的过程，这一过程要通过“从群众中来”才能实现。人民的伟大实践是认识的真正源泉。只有倾听人民呼声，反映人民意愿，及时发现、总结、概括人民创造的新鲜经验，才能获得正确反映客观规律的真理性认识，才能制定出符合客观规律的科学决策。另一方面，实事求是又是在实践基础上改造世界的过程，这一过程要通过“到群众中去”才能实现。人民是历史的创造者，是改造世界的主体和力量源泉。党的奋斗目标与人民的根本利益、经济社会发展规律是根本一致的。马克思主义政党只有充分调动和发挥人民的积极性和创造性，才能实现自己的历史使命。

实践证明，只有坚持群众路线，才能真正做到实事求是。我们要把坚持实事求是的思想路线与坚持从群众中来、到群众中去的根本工作路线紧密结合和统一起来，把对上级负责与对群众负责紧密结合和统一起来，坚持一切从人民根本利益出发，深入基层了解情况，深入群众听取意见，使各项决策和各方面工作符合实际情况、符合客观规律、符合人民意愿。这样，我们的工作，党和人民事业，就会无往而不胜。

（四）方法在于不断解放思想

解放思想与实事求是具有内在一致性。思想是行动的先导，理论是实践的指南；思想的解放是实事求是的前提，是观念转变、社会变革的先导。坚持注重实际、实事求是，要求思想认识符合客观实际，冲破落后的传统观念和主观偏见的束缚，改变因循守旧、不接受新事物的精神状态，与时俱进地把我们的事业和各项工作不断推向前进。客观实际是不断发展变化的，对客观事物及其规律的认识是不断深化的，实事求是永无止境，解放思想也永无止境。只有解放思想，才能真正做到实事求是；只有实事求是，才是真正解放思想。

改革开放40多年的伟大实践充分证明，只有把解放思想和实事求是有机统一起来，我们才能正确认识和把握客观事物的内在联系、本质和规律，也才能制定正确的政策，作出正确的决策。新时代新征程，实践在发展，情况在变化，我们的思想认识也应当随之变化。这就要求我们进一步解放思想，坚持真理、修正错误，勇于变革、勇于创新，永不僵化、永不停滞，在深入研究新情况、不断解决新问题的实践中增强本领、提高能力。

延伸阅读

始终坚持实事求是的邓小平

1985 年 9 月，加纳国家元首罗林斯访问中国，想了解和学习中国改革开放的经验。9 月 18 日，邓小平在人民大会堂接见他时，他当面恳请邓小平谈谈中国改革开放的经验，邓小平对他说："如果说中国有什么适用的经验，恐怕就是实事求是。也就是说，按照自己国家的实际情况来制定自己的政策和计划。"罗林斯访问中国受到不少启发，他感慨地说："西方人总是给你规定一个模式，只能照搬。但你们的邓小平说，千万不要照搬我们的模式，而是要实事求是。有几千年文明的国家才能讲出这样的话，这是一种西方远远不及的智慧。"邓小平对党的实事求是思想路线的极端重要性给予了高度的评价，认为实事求是，"是毛泽东思想的出发点、根本点"，"是毛泽东思想的精髓"，"是无产阶级世界观的基础"，我们所取得的一切胜利，"是靠实事求是"。

——张维为：《中国触动：百国视野下的观察与思考》，上海人民出版社 2012 年版，第 215—216 页

第三节
年轻干部注重实际、实事求是的实践要求

注重实际、实事求是是党的思想路线的根本要求，也是年轻干部练好内功、提升修养的重要内容。从干部队伍实际看，年轻干部学历高、知识结构完善，思维活跃、勇于创新，是党和国家事业发展的生力军。同时我们也要看到，有的年轻干部仍然存在不重视研究实际，遇到问题习惯于从书本上寻找答案，或者凭经验办事；有的主观上有意愿，但客观上缺少实践历练或基层调研，工作上不接地气；有的下基层做一些作秀式调研、盆景式调研、蜻蜓点水式调研，不能深入实际，不了解真实情况等。这些情况的存在，究其原因还是注重实际、实事求是落实不够。年轻干部是党执政兴国的希望所在，肩负着光荣而重大的历史使命，必须把注重实际、实事求是贯彻到工作全过程，自觉扑下身子，沉到一线，听真话、察真情、出实效，提高解决实际问题的能力。

一、坚持从实际出发，掌握正确方法论

习近平总书记指出："坚持一切从实际出发，是我们想问题、作决策、办事情的出发点和落脚点。"一切从实际出发，就是要把客观存在的事物作为观察和处理问题的根本出发点，这是马克思主义认识论的根本要求。从实际出发，就是要从变化发展着的客观实际出发，从特定的社会历史条件出发，从根本上说就是要从客观事物存在和发展的规律出发，在实践中按照客观规律办事。在当代中国，一切从实际出发，就是要从党的历史实际、现实国情、新时代历史方位和当前重点工作出发。

（一）坚持从实际出发，必须深刻把握历史事实

“欲知大道，必先为史。”一个社会发展的条件不是人们自己选定的，而是直接碰到的、既定的从过去继承下来的条件，人们不可能避开这些因素和这些因素所带来的既定状态，国情就是这样一种因素。一个国家的历史文化、经济状况、发展程度等都有其独特的发展轨迹，坚持从实际出发，必须掌握历史事实，顺应历史大势。中国历史悠久，文明灿烂，但是鸦片战争以后，中国逐步成为半殖民地半封建社会。一些仁人志士一直进行了艰难不屈的抗争，从“师夷长技以制夷”的觉醒，到“中学为体，西学为用”的洋务运动，再到君主立宪的戊戌变法，最后到建立资产阶级共和国的辛亥革命，但每一种尝试都没能解决民族复兴这一历史任务。只有当马克思主义传入中国，并与中国工人运动相结合产生了中国共产党之后，中国的面貌才为之一新。

中国共产党一经诞生，就把为中国人民谋幸福、为中华民族谋复兴确立为自己的初心使命。建党 100 年来，我们党团结带领中国人民，浴血奋战、百折不挠，创造了新民主主义革命的伟大成就；自力更生、发愤图强，创造了社会主义革命和建设的伟大成就；解放思想、锐意进取，创造了改革开放和社会主义现代化建设的伟大成就；自信自强、守正创新，统揽伟大斗争、伟大工程、伟大事业、伟大梦想，创造了新时代中国特色社会主义的伟大成就。懂得了历史实际，才能深刻地理解“没有共产党就没有新中国”“只有社会主义才能救中国”“只有中国特色社会主义才能发展中国”等历史结论的正确性，才能自觉承担起实现国家富强和人民富裕的历史任务。年轻干部要深入学习党史、新中国史、改革开放史、社会主义发展史，从历史的经验教训中获取智慧和精神动力，转变为工作能力和工作成效。

（二）坚持从实际出发，必须深刻把握基本国情

党章总纲指出："我国正处于并将长期处于社会主义初级阶段。"社会主义初级阶段是中国共产党对社会主义实践发展的一个伟大理论创新，也是中国特色社会主义伟大实践和伟大事业的重要理论依据。社会主义初级阶段具有明确的理论内涵：一是我国社会已经是社会主义社会；二是我国的社会主义还在初级阶段。正确认识我国当今所处的历史阶段，是建设中国特色社会主义的首要问题，社会主义初级阶段是我们党制定和执行正确的路线方针政策的根本依据。我们坚持一切从实际出发，最大的实际就是我国正处于并将长期处于社会主义初期阶段。

习近平总书记指出："领导干部要了解实际、掌握实情，最重要的是要清醒认识和准确把握我国社会主义初级阶段的基本国情。我们现在的基本国情，主要是人口多，底子薄，发展很不平衡。"①深刻领会这一重要论断，对于我们制定和执行党的路线方针政策，做好各项工作，意义重大。我们要搞清楚"建设什么样的社会主义，怎样建设社会主义"，就必须搞清楚什么是社会主义初级阶段的社会主义，在初级阶段怎样建设社会主义。党的十一届三中全会以前，我们在建设社会主义过程中出现过一些失误，其根本原因之一就在于提出的一些任务和政策超越了社会主义初期阶段。改革开放40多年来我们取得成绩和进步的根本原因之一，就是因为克服了那些超越阶段的错误观念和政策。现阶段，我国仍处于并将长期处于社会主义初级阶段的基本国情没有变，我国是世界最大发展中国家的国际地位没有变。广大干部特别是年轻干部要认识当下、规划未来、制定

①《习近平在省部级主要领导干部"学习习近平总书记重要讲话精神，迎接党的十九大"专题研讨班开班式上发表重要讲话强调　高举中国特色社会主义伟大旗帜　为决胜全面小康社会实现中国梦而奋斗》，《人民日报》2017年7月28日，第1版。

政策、推进事业，都要把社会主义初级阶段作为客观依据，不能超越这个阶段。

（三）坚持从实际出发，必须深刻把握历史方位和重点工作

古人云：“辨方位而正则。”党的十九大报告指出，经过长期努力，中国特色社会主义进入了新时代，这是我国发展新的历史方位。这一重大政治判断不是凭空而作的，而是有着充分的历史、时代、理论和实践依据。这个新时代，是承前启后、继往开来、在新的历史条件下继续夺取中国特色社会主义伟大胜利的时代，是决胜全面建成小康社会、进而全面建设社会主义现代化国家的时代，是全国各族人民团结奋斗、不断创造美好生活、逐步实现全体人民共同富裕的时代，是全体中华儿女勠力同心、奋力实现中华民族伟大复兴中国梦的时代，是我国日益走近世界舞台中央、不断为人类作出更大贡献的时代。时代变了，我国社会主要矛盾也随之发生变化，人民日益增长的美好生活需要和不平衡不充分的发展之间的矛盾是当前我国社会主要矛盾。立足新的历史方位，着力解决新矛盾，是我们谋划未来发展、开拓事业前景的战略起点。

党的十九届五中全会指出，全面建成小康社会、实现第一个百年奋斗目标之后，我们要乘势而上开启全面建设社会主义现代化国家新征程、向第二个百年奋斗目标进军，这标志着我国进入了一个新发展阶段。面对中华民族伟大复兴战略全局和世界百年未有之大变局，正确认识新发展阶段，努力把握新发展机遇，全面贯彻新发展理念，努力实现高质量发展，积极构建新发展格局，奋力实现“十四五”规划和2035年远景目标，是当前和今后一个时期全党全国必须抓紧抓好的重点工作。广大干部特别是年轻干部不仅要熟悉这些重点工作，而且要深入研究新情况、不断解决新问题，从我们正在做的事情出发，注重实际、实事求是，创造性地把党中央决策

部署落到实处，以实实在在的业绩不辜负党和人民的期望和重托，不断将新时代中国特色社会主义事业推向前进。

二、加强党性修养，夯实思想基础

习近平总书记指出："坚持从实际出发、实事求是，不只是思想方法问题，也是党性强不强问题。从当前干部队伍实际看，坚持实事求是最需要解决的是党性问题。"[①] 这一重要论述直指当前一些干部思想深处存在的党性问题。什么是党性？党性，是一个政党所固有的本性，是其所代表的阶级属性的集中体现。不同阶级的政党有不同的党性。无产阶级政党的党性，是无产阶级阶级性最高、最集中的表现，是无产阶级性的自觉表现。[②] 坚持实事求是，不仅要有正确的方法，更重要的是不断增强党性。新时代年轻干部必须要自觉加强党性修养，真正担负起新时代赋予的职责和使命。

（一）加强政治修养，树牢"四个意识"

政治修养是党性修养的核心。年轻干部在成长成才的过程中，一定要关心政治、了解政治，着重在坚定政治方向、落实政治任务、强化政治担当上狠下功夫，牢固树立"四个意识"，坚决做到"两个维护"。"两个维护"是党的十八大以来我们党取得的重大政治成果，是我国革命、建设、改革的重要经验升华，是全党在新时代革命性锻造中形成的共同意志，是全党全国各族人民的根本利益所在，是党员干部树牢"四个意识"的集中体现。广大年轻干部要深刻领悟"两个维护"的政治逻辑、历史逻辑、理论逻辑、

① 《习近平在中央党校（国家行政学院）中青年干部培训班开班式上发表重要讲话强调 信念坚定对党忠诚实事求是担当作为 努力成为可堪大用能担重任的栋梁之才 王沪宁出席》，新华社北京2021年9月1日电。

② 《毛泽东文集》（第三卷），人民出版社1996年版，第340页。

实践逻辑，把做到“两个维护”作为最高政治原则和根本政治规矩，作为加强政治修养的首要任务和根本准绳，贯彻到履职尽责的各方面、全过程，使自己在政治上更成熟、更坚定、更有为。①

（二）加强理论修养，坚定理想信念

理论修养是党性修养的基石。政治上的坚定，党性上的坚定，都离不开理论上的坚定。认真学习马克思主义理论，用科学理论武装头脑，是做一名合格的共产党员的基础和前提。年轻干部加强党性修养，必须不断增强马克思主义理论修养，学会运用马克思主义立场观点方法观察和解决问题；要认真学习贯彻习近平新时代中国特色社会主义思想，用其武装头脑、指导实践、推动工作。在加强理论修养的过程中，要坚持读原著、学原文、悟原理，坚持全面学、贯通学、深入学，带着信念学、带着感情学、带着使命学，真正做到学深悟透，融会贯通，真信笃行。在学习中要坚持问题导向，理论联系实际，联系国际国内的实际，联系本地区本部门本单位的实际，联系个人的思想和工作实际。通过坚持不懈、持之以恒地学习，不断筑牢理想信念，做到虔诚而执着、至信而深厚。

（三）加强纪律修养，筑牢思想防线

纪律修养是党性修养的底线要求。没有规矩，不成方圆。人不以规矩则废，党不以规矩则乱。纪律严明是我们党的优良传统和政治优势，也是我们党的力量所在。《中国共产党章程》指出，党的纪律是党的各级组织和全体党员必须遵守的行为规则，是维护党的团结统一、完成党的任务的保证。在党的各项纪律中，党的政治纪律是打头、管总的，是最重要、最根本、最关键的纪律。年轻干部加强纪律修养，必须以党章和党规党纪为遵

① 《陈一新上党课：新时代党性修养要突出“六个之量”》，中国长安网，2020 年 6 月 30 日。

循，突出严守党的政治纪律，带动组织纪律、廉洁纪律、群众纪律、工作纪律、生活纪律全面严起来。年轻干部加强纪律修养，要从自己的一言一行严起，切实做到习近平总书记提出的“五个必须”，做尊崇纪律、敬畏纪律、严守纪律的模范实践者，真正把党的纪律作为自己的言行指南，做到知敬畏、存戒惧、守底线。

（四）加强作风修养，厚植群众基础

作风修养是党性修养的集中体现。作风是一个团体或个体在社会生活中所表现出的一贯的立场态度、行为方式和精神风貌的总和。作风看似无形，却又无处不在，具有很强的感染力和穿透力。党的作风就是党的形象，作风建设永远在路上。新时代年轻干部要努力改进思想作风、工作作风、生活作风，努力改进学风、文风、会风，以好的作风树立形象、赢得民心。2021年3月1日，习近平总书记在2021年春季学期中央党校（国家行政学院）中青年干部培训班开班式上，专门围绕党的光荣传统和优良作风发表重要讲话，为我们如何传承好党的光荣传统和优良作风指明了方向。年轻干部加强作风修养，必须要深刻领会并忠实践行习近平总书记强调的党的光荣传统和优良作风的六个方面：对党忠诚、理论联系实际、密切联系群众、开展批评与自我批评、敢于斗争、艰苦奋斗，传承好党的光荣传统和优良作风。

（五）加强道德修养，打牢从政之基

道德修养是党性修养的重要标尺。人而无德，行之不远。道德之于个人，具有基础性意义，做人做事第一位的是崇德修身。对广大干部而言，做官先做人，做人先立德；德乃官之本，为官先修德。以德修身、以德立威、以德服众，是一名年轻干部成长成才的重要因素。新时代年轻干部必须把加强道德修养作为十分重要的人生必修课，努力以道德的力量去赢得人心、赢得事业成就。年轻干部加强道德修养，首先要按照习近平总书记

提出的明确要求，自觉做到明大德、守公德、严私德，深刻领会“三德”的内涵及实践要求并在工作中一以贯之。中华优秀传统文化源远流长、博大精深，蕴含着丰富的思想道德资源。年轻干部加强道德修养，要认真汲取中华优秀传统文化中的道德精髓，自觉从中吸取营养、智慧和力量。此外，加强道德修养不能空谈，必须得有行之有效的方法才行。年轻干部要熟练掌握运用道德修养方法，如古人大力倡导的自省、慎独、慎微等。

三、重视调查研究，奠定实践基础

习近平总书记在2021年秋季学期中央党校（国家行政学院）中青年干部培训班开班式上发表重要讲话指出：“坚持从实际出发，前提是深入实际，了解实际，只有这样才能做到实事求是。要了解实际，就要掌握调查研究这个基本功。”调查研究是谋事之基、成事之道。重视调查研究，善于调查研究，在调查研究的基础上解决突出矛盾和问题，是我们党一以贯之的优良传统，是谋划工作、科学决策的重要依据。党的二十大报告强调，弘扬党的光荣传统和优良作风，促进党员干部特别是领导干部带头深入调查研究，扑下身子干实事、谋实招、求实效。年轻干部想要了解实情、发现问题、解决问题，就要经常深入基层开展调查研究。只有这样，才能真正做到一切从实际出发、实事求是。

（一）明确调查研究的目的指向

1942年2月，毛泽东在《整顿党的作风》中指出：“马克思列宁主义理论和中国革命实际，怎样互相联系呢？拿一句通俗的话来讲，就是‘有的放矢’。”[①] 同样的道理，调查研究也要有的放矢。开展调查研究，年轻干部首先要明确调查研究是为了解决什么问题，只有在这个基础上，才能使调

① 《毛泽东选集》（第三卷），人民出版社1991年版，第819页。

查研究真正具有针对性。广大年轻干部必须充分认识到，我们开展调查研究的目的是把事情的真相和全貌调查清楚，把问题的本质和规律把握准确，把解决问题的思路和对策研究透彻。

新时代年轻干部要紧紧围绕党的路线方针政策和党中央重大决策部署的贯彻执行，深入研究影响和制约当前我国经济社会持续健康发展的各种突出问题，深入研究人民群众反应强烈的热点难点问题，深入研究党的建设面临的重大理论和实际问题，深入研究事关我国改革发展稳定大局的重点问题，深入研究当今世界政治经济文化等领域的重大问题。这样才能使调查研究工作同中心工作和决策需要紧密结合起来，从而更好地为科学决策服务，为提高领导水平和执政能力服务。

（二）把握调查研究的基本要求

调查研究是一种非常重要的工作方法，必须正确把握其基本要求。在调查研究的过程中，要力求真实、全面、客观，坚决杜绝形式主义，确保落到实处。这就要求年轻干部必须深入实际、深入基层、深入群众，在调研中避免走马观花，避免以偏概全。

第一，调查研究要真实。年轻干部搞调研，要真正扑下身子、走出办公室、深入一线开展调研。要做到亲自察看、亲身体验，及时掌握第一手资料、了解最真实情况，紧紧把握发展实情，将存在的问题摸清弄实搞透。调研中可以有“规定路线”，但还应有“自选动作”，看一些没有准备的地方，搞一些不打招呼、不作安排的随机性调研，力求听真话、察真情，真研究问题、研究真问题，不能搞作秀式调研、盆景式调研、蜻蜓点水式调研。

第二，调查研究要全面。年轻干部必须多层次、多方位、多渠道地调查了解情况。既要调查机关，又要调查基层；既要调查干部，又要调查群众；既要解剖典型，又要了解全局；既要到工作局面好和先进的地方去总结经验，又要到困难较多、情况复杂、矛盾尖锐的地方去研究问题。基层、群众、重要典型和困难的地方，应成为调研重点，要花更多时间去了解和研究。只有这样去调查研究，才能获得在办公室难以听到、不易看到和意想不到的新情况，找出解决问题的新视角、新思路和新对策。

第三，调查研究要客观。习近平总书记曾批评过这样一种现象：现在有的干部善于察言观色，准备了好几个口袋，揣摩上面或领导的意图来提供材料。在现实工作中，年轻干部要学会正确判断这些材料哪些是真实的，哪些是夸大的，哪些是掩盖了问题的。当然，客观不等于没有立场，我们党是始终维护最广大人民群众利益的政党，在调查研究中要始终坚持人民立场。年轻干部要做到“不唯书、不唯上、只唯实”，坚决不能孤立地、静止地、片面地、带着主观臆断地开展调查研究。

（三）改进调查研究的方式方法

毛泽东认为我们调查的对象是中国的国情，调查的内容是人民群众的实践。因此，他一再告诫全党，一定要注意“眼睛向下”。习近平总书记反复强调：“人民群众中蕴藏着治国理政、管党治党的智慧和力量。”年轻干部要坚持到人民群众中去，进行调查研究要放下架子、扑下身子，深入田间地头和厂矿车间，同群众一起讨论问题，倾听他们的呼声，体察他们的情绪，感受他们的疾苦，吸取他们的智慧。尤其对群众最盼、最急、最忧、最怨的问题更要主动调研，抓住不放。这样才能真正听到实话、察到实情、获得真知、收到实效。

长期以来，我们党将调查研究贯穿于革命、建设和改革的整个过程，形成了一整套的理论和方法。在运用这些实践中积累的有效方法的同时，还要适应新形势新情况特别是当今社会信息网络化的特点，进一步拓展调研渠道、丰富调研手段、创新调研方式，认真学习、掌握和运用现代科学技术的调研方法，如问卷调查、统计调查、抽样调查、专家调查、网络调查等，并逐步把现代信息技术引入调研领域，从而提高调研的效率和科学性。

（四）坚持“调查”与“研究”并重

调查研究，包括调查与研究两个环节，研究是调查的升华。从当前开展调查研究的实际情况看，个别干部研究不够的问题还比较突出。调研所得的材料往往是零散的、不系统的。在这个过程中，年轻干部要学会思考、分析、综合，既要善于研读，也要善于研判。

第一，深入“研读”信息。年轻干部在调查结束后，一定要进行深入细致的思考、再思考，对调查得来的大量材料和情况，要加大研究分析力度，认真提取分析其中的有用信息和无用信息、重要信息和非重要信息，进行一番交换、比较、反复的工作，把零散的认识系统化，把粗浅的认识深刻化，直至找到解决问题的有效办法。

第二，善于“研判”信息。调查研究的目的是解决问题。年轻干部要在深入分析思考上下功夫，去粗取精、去伪存真，由此及彼、由表及里，找到事物的本质和规律。年轻干部要在充分调查的基础上进行深入研究，把问题分析得透一些，建议想得深一些，启示想得远一些，从现象中把握本质，从原因中查找症结，从实践中提出对策。对经过充分研究、比较成熟的调研成果，要及时上升为决策部署，转化为具体措施。

延伸阅读

失散多年的“孩子”终于找回来了

1930 年 5 月，毛泽东在寻乌开展社会调查，除写下 8 万多字的《寻乌调查》，还写下了 3000 余字的《调查工作》，对调查研究的重要性、目的和方法等，作了既生动具体又有高度思想性的系统阐述。1930 年 8 月 21 日，中共闽西特委把这篇文章翻印成小册子。

一贯注重调查研究的毛泽东，十分珍惜自己的调查研究成果，尽管战火连连，他仍坚持把《寻乌调查》《调查工作》等材料捆好，一直带在身边。遗憾的是，《调查工作》在转战中不幸遗失。为此，毛泽东非常惋惜，多次与人谈起它，说想念这篇文章就像想念自己的孩子一样。使《调查工作》重现于世的，是福建省上杭县农民赖茂基。赖茂基是上杭县茶地官山村人。1957 年 2 月，赖茂基老人把小木盒子及藏在里面的《调查工作》作为重要革命文物捐献出来。1961 年 1 月，毛泽东的秘书田家英从中央政治研究室工作人员那里发现《调查工作》，立即送交给毛泽东。

当这本纸张已发黄的小册子送到毛泽东面前时，他高兴地说，失散多年的“孩子”终于找回来了。为了表示感谢，毛泽东想邀请赖茂基到北京见见面，但遗憾的是，后者 1960 年就去世了。1961 年 3 月，毛泽东将《调查工作》的题目改为《关于调查工作》，还亲自加了按语。1964 年，在《毛泽东著作选读》甲种本公开出版前文稿审定时，毛泽东把它的名字改成了《反对本本主义》。

——记者胡晓军、通信员蓝玉林：《毛泽东高兴地说，失散多年的“孩子”终于找回来了》，《光明日报》2021 年 1 月 27 日 06 版

四、坚持求真务实，强化作风保证

新时代年轻干部坚持注重实际、实事求是，必须要坚持求真务实，大力弘扬我们党的优良作风。坚持求真务实，既要在“求真”上下功夫，更要在“务实”上做文章，尤其要做到说老实话、办老实事、做老实人。延安时期，毛泽东明确提出全党同志要“当老实人，讲老实话，做老实事”。

邓小平指出，做老实人，说老实话，办老实事，这是一个共产党员的起码标准。党的十八大以来，习近平总书记对各级领导干部提出“既严以修身、严以用权、严以律己，又谋事要实、创业要实、做人要实”的要求（即“三严三实”），并多次要求广大干部“说老实话、办老实事、做老实人”。“说老实话、办老实事、做老实人”已成为中国共产党人的优良作风和精神财富，激励着一代又一代中国共产党人砥砺奋进，踏实前行。

（一）尊重实际“说老实话”

说老实话，就是讲真话、说实话。这是我们党一贯倡导和坚持的优良作风，也是我们党正确决策、科学领导、不断发展的重要保证。当今社会，人们面临着各种竞争与诱惑，各种利益的纷争难免会影响一些人的言行。在工作中，个别干部对反映出的一些矛盾和问题，文过饰非，不敢面对；有的干部在与他人沟通交流时，拐弯抹角，使人难辨其意。这些都是不讲“老实话”的具体表现，是有害而无益的。正确的决策需要正确的信息，正确的信息需要靠真话、实话来传递。年轻干部讲真话、说实话，承载的是对党和人民的责任，考验的是一个共产党人的党性，反映的是一个共产党人的作风，体现的是一个共产党人的品行。只有党性意识强、人民立场坚定，才能“求真”，才能“务实”，才能讲真话、说实话。

新时代年轻干部在工作中勇于讲真话、说实话，应做到以下两点。首先，话要“真”。年轻干部在讨论问题、反映情况、向上级汇报工作、提出对策建议时，要敢于讲真话，做到光明磊落、襟怀坦荡，敢于直面客观存在的事实，敢于暴露存在的各种矛盾和问题，不文过饰非。其次，话要“实”。事实胜于雄辩。一名年轻干部不管在任何时候做任何工作，都必须始终坚持尊重实践、尊重事实，始终牢记坚持用事实说话，既不能胡编乱造，更不能随意歪曲。同时，年轻干部要善于从实践中发现和找到一些规律性的东西，做到认识规律、尊重规律、掌握规律，在工作中始终坚持用规律说话，不能凭个人意愿、喜好违背规律。

（二）敢于担当“办老实事”

党的十八大以来，习近平总书记关于如何谋划工作，有很多生动形象的论述，比如“一分部署，九分落实”“发扬钉钉子精神”“抓铁有痕、踏石留印”等。这些重要论述为广大干部如何干事创业指明了方向。空谈误国，实干兴邦；为政之道，贵在实干。办老实事，就是办尊重实际、遵循规律的事，办脚踏实地、有所作为的事，办造福人民、惠及社会的事。[①] 新时代年轻干部敢于担当“办老实事”，要做到出实招、办实事、求实效。

首先，出实招。实招与虚招有着本质的不同，虚招会严重败坏党风和社会风气。出实招就是要求年轻干部从实际情况出发谋划事业和工作，使想出来的点子、政策、方案、措施符合本地区、本部门的实际情况，符合客观规律，不好高骛远，不脱离实际。其次，办实事。人民群众的小事就是我们党的大事。办实事就是要求年轻干部坚持以人民为中心，从人民群众的需求出发，从具体的事情做起、抓起，力戒空谈，力戒形式主义、官僚主义。年轻干部在工作中要围绕人民群众的所思所想所盼，切实解决好他们在就业、教育、住房等方面的“急难愁盼”问题，不搞劳民伤财的形象工程、政绩工程，真正做到对党和人民群众负责。最后，求实效。干事业不是做样子，不是做表面文章。求实效就是要求年轻干部雷厉风行、狠抓落实，不抓则已、抓则必成，做出让人民群众认可的实实在在的业绩。年轻干部要紧密结合本地实际真抓实干，一步一个脚印，脚踏实地地把工作蓝图变成美好现实。

---

① 李峰：《做新时代的老实人》，《红旗文稿》2018 年第 22 期。

（三）坚持原则“做老实人”

老实做人、做老实人，是一名党员干部的起码标准，是我们党的一贯主张。我们党历来要求共产党员要老老实实做人。周恩来说过，世界上最聪明的人是最老实的人，因为只有老实人才能经得起事实的历史的考验。习近平总书记指出：“老实做人、做老实人，是共产党员先进性的内在要求，是领导干部‘官德’的外在表现，也是我们党的一贯主张。”① 这里所说的“老实人”，在我们党内特指忠诚老实、光明磊落、公道正派、实事求是、勤政为民、廉洁自律的人。

我们党多次强调党员干部要“做老实人”，是有很强的现实针对性的。近年来查处的一些“两面干部”，往往很会伪装、很会作秀，有的人台上大谈廉洁自律，台下却贪污受贿；有的人在讲话中大谈严以用权，工作中却滥用权力；有的人台上大讲要严守生活纪律，背后却进行权色交易等。重庆日报曾发表评论员文章《深刻反思孙政才严重违纪案的教训》指出，孙政才“六大纪律”项项违反、“十个必须”条条触犯、“七个有之”样样皆占，是腐败分子的典型，是名副其实的“两面人”。一名年轻干部要想成为党和人民需要的好干部，必须要真正把老实做人、做老实人当作人生信条，贯穿和体现到工作、学习、生活的各个方面，永葆共产党人政治本色。新时代年轻干部要甘做思想务实、生活朴实、作风扎实的“老实人”；甘做尊重科学、尊重实践、尊重规律的“老实人”；甘做诚实守信、言行一致、表里如一的“老实人”；甘做勤勤恳恳、任劳任怨、甘于奉献的“老实人”。年轻干部做老实人，必须一以贯之，持之以恒，让党信任，让人民放心。

---

①《习近平在中央党校（国家行政学院）中青年干部培训班开班式上发表重要讲话强调　信念坚定对党忠诚实事求是担当作为　努力成为可堪大用能担重任的栋梁之才　王沪宁出席》，新华社北京2021年9月1日电。

延伸阅读

“搞一个实事求是年”

步入1961年，由于“大跃进”造成的严重后果，共和国“处于经济最困难的时刻”。1月14日至18日，中共八届九中全会在北京召开。全会正式决定实行“调整、巩固、充实、提高”的八字方针，国民经济开始转入调整的轨道。

在这次全会前后，毛泽东多次发表讲话，强调要恢复实事求是的优良传统，号召“大兴调查研究之风”，一切从实际出发，做到“情况明，决心大，方法对”。他提出，要“搞一个实事求是年”。3月23日，中共中央发出《关于认真进行调查工作问题给各中央局，各省、市、区党委的一封信》，并附上散失多年、不久前重新发现的毛泽东1930年所写《关于调查工作》（后改题为《反对本本主义》）一文。信中指出：“一切从实际出发，不调查没有发言权，必须成为全党干部的思想和行动的首要准则。”

中央领导人身体力行，深入实际调查研究。八届九中全会一结束，毛泽东立即组织和指导三个调查组，分赴浙江、湖南、广东进行调查，在全党起了表率作用。三个调查组向毛泽东提供了许多具体、生动、有重要价值的第一手材料，成为调整农村政策的重要依据。

刘少奇来到家乡湖南宁乡县和长沙县生活了44天，住进生产队养猪场旁的破旧空房，踏看田地、山林、水塘、畜圈，召开各种形式的座谈会，同农民和社队干部促膝交谈，进行了深入细致的调查研究。

周恩来来到河北邯郸等地调查，武安县伯延公社社员张二廷率直地反映了食堂和干部作风等问题。周恩来亲自到张二廷家，坐在门槛上同他交谈，进一步了解实情。随后，周恩来向毛泽东作了汇报，提出人民公社存在的主要问题，引起中央高度重视。

陈云来到上海青浦县小蒸公社进行了15天的调查研究，并主持召开煤炭和冶金工业座谈会，进行工业调查。朱德、邓小平、彭真等也分别到四川、广东、北京等地调查，中共中央、国务院各部门及各省、市、自治区党政负责人也纷纷下去，深入基层调查研究。

全党兴起的调查研究之风，有力地推动着党内认识的统一，推动了调整工作的进行。在充分调研、掌握情况的基础上，中共中央、国务院相继制定发布了一系列条例和文件，如《农村人民公社工作条例（草案）》（“农业六十条”）、《国营工业企业工作条例（草案）》（“工业七十条”）以及“手工业三十五条”和“商业四十条”“科学十四条”“高教六十条”“文艺八条”等，产生了积极的效果。

“没有调查就没有发言权。”在毛泽东的倡导下，全党上下大兴调查研究之风，通过深入的调查研究，纠正错误，调整政策，为扭转困难局面，开展全面调整准备了条件。

——《共和国的足迹——1961年：“搞一个实事求是年”》，新华社北京2009年8月14日电

第三章

勇于担当 善于作为

经典语录

广大党员、干部要在经风雨、见世面中长才干、壮筋骨，练就担当作为的硬脊梁、铁肩膀、真本事，敢字为先、干字当头，勇于担当、善于作为，在有效应对重大挑战、抵御重大风险、克服重大阻力、解决重大矛盾中冲锋在前、建功立业。

——2020年1月8日，习近平在“不忘初心、牢记使命”主题教育总结大会上的讲话政治路线确定之后，干部就是决定的因素。中国共产党的百年历程告诉我们，干部队伍的担当作为是社会主义革命、建设、改革取得成功的关键因素。在2021年秋季学期中央党校（国家行政学院）中青年干部培训班开班式上，习近平总书记勉励广大年轻干部要“勇于担当、善于作为”。年轻干部肩负重要的职责使命，肩负着实现中华民族伟大复兴的重托，是党和国家事业发展的强大动力。中国特色社会主义进入新时代，面对中华民族伟大复兴的战略全局和世界百年未有之大变局，广大年轻干部要充分认识勇于担当、善于作为的重要意义，读懂敢于担当、善于作为的科学内涵，在实践中提高担当的自觉、增强担当的底气、永葆担当的情怀，做一名新时代实干家，为全面建设社会主义现代化国家贡献力量。

第一节
充分认识勇于担当、善于作为的重要意义

担当就是责任，好干部必须有责任重于泰山的意识，坚持党的原则第一、党的事业第一、人民利益第一，敢于旗帜鲜明，敢于较真碰硬，对工作任劳任怨、尽心竭力、善始善终、善作善成。[①]在中国共产党的百年奋斗历程中，干部队伍的担当作为起到了关键作用。勇担当、善作为是共产党人的政治品格，是实现目标任务的现实需要，也是党的事业向前发展的必然要求。征程万里风正劲，重任千钧再出发。中国特色社会主义进入新时代，面对复杂的困难挑战，年轻干部必须接过历史的接力棒，拥有担当作为的宽肩膀、练就成事的真本领，苦干实干、不懈奋斗，担当起党和人民的期待，创造无愧于党、无愧于人民、无愧于时代的业绩。

一、勇于担当、善于作为是中国共产党人的政治品格

政治品格体现着政党的利益追求，是政党价值理念的根本体现。担当，就是承担责任，是面对大事、难事的责任意识，是敢于直面问题、勇往直前的拼劲，更是“我将无我，不负人民”的气魄。中国共产党是一个敢于担当历史责任的伟大政党，自诞生之日起，就自觉地把对国家、民族、人民的责任扛在肩上，担负起争取民族独立和人民解放、实现国家富强和人民幸福的历史使命。习近平总书记在庆祝中国共产党成立 100 周年大会上指出：“一百年来，中国共产党团结带领中国人民进行的一切奋斗、一切牺

①《习近平谈治国理政》（第一卷），外文出版社 2014 年版，第 416 页。

牲、一切创造，归结起来就是一个主题：实现中华民族伟大复兴。”[①]一百年来，一代又一代中国共产党人不忘初心，牢记使命，在使命担当中带领中国人民不断前行。中国共产党敢于担当、善于作为的政治品格，展现在中国共产党带领中国人民取得革命、建设、改革的伟大成绩上，展现在中国共产党建党百年始终为人民谋幸福、为民族谋复兴的初心使命中，展现在为实现人民对美好生活向往的不懈奋斗中。

在内乱外患的旧中国，中华民族危机深重。1919 年，毛泽东在《湘江评论》中写道：“天下者，我们的天下；国家者，我们的国家；社会者，我们的社会。我们不说，谁说？我们不干，谁干？”1921 年中国共产党成立，中国共产党人坚定革命理想、坚守民族大义，团结带领中国人民进行 28 年的艰苦斗争，取得了中国革命的胜利，实现了中国人民梦寐以求的民族独立、人民解放，为实现中华民族伟大复兴创造了根本社会条件。1949 年中华人民共和国成立，中国共产党团结带领中国人民在一穷二白、人口众多的东方大国进行社会主义革命，确立了社会主义制度，完成了中华民族有史以来最广泛、最深刻、最伟大的社会变革，为实现中华民族伟大复兴奠定了根本的政治前提和制度基础。上世纪 70 年代末 80 年代初，中国共产党人以对党和国家事业发展的巨大政治勇气和责任担当，作出把党和国家工作中心转移到经济建设上来、实行改革开放的历史性决策，实现了新中国成立以来党的历史上具有深远意义的伟大转折，为实现中华民族伟大复兴提供了充满新的活力的体制保证和快速发展的物质条件。

党的十八大以来，面对各种复杂矛盾和问题，习近平总书记指出：“我

---

① 习近平：《在庆祝中国共产党成立 100 周年大会上的讲话》，《人民日报》2021 年 7 月 2 日第 2 版。

们的责任，就是要团结带领全党全国各族人民，接过历史的接力棒，继续为实现中华民族伟大复兴而努力奋斗，使中华民族更加坚强有力地自立于世界民族之林，为人类作出新的更大的贡献。”①中国共产党人以强烈的忧患意识和担当情怀，战胜了一系列重大风险挑战，团结带领全党全国人民自信自强，守正创新，坚持和加强党的全面领导，统筹推进“五位一体”总体布局、协调推进“四个全面”战略布局，坚持和完善中国特色社会主义制度、推进国家治理体系和治理能力现代化，以自我革命的精神不断推进党的建设新的伟大工程，推动党和国家事业发生历史性变革、取得历史性成就，为实现中华民族伟大复兴提供了更为完善的制度保证、更为坚实的物质基础、更为主动的精神力量。中国共产党的百年奋斗历程让我们清晰地看到，勇于担当、善于作为是中国共产党人与生俱来的政治品格，体现着共产党人的胸怀、勇气和魄力。在党和国家事业发展的各个时期，面对不同的时代责任和历史使命，中国共产党人始终自觉地担当起对人民、对民族的责任，无私无畏、勇往直前，实现了中华民族从站起来、富起来到强起来的伟大飞跃。

二、勇于担当、善于作为是实现目标任务的现实需要

在革命战争年代，广大干部是实现党的目标任务的骨干力量。为了取得中国革命的胜利，广大干部不怕牺牲、甘于奉献。在长征过雪山途中，有个同志穿着单薄的旧衣服被冻死，指挥员想要见军需处长，问问他为什么不给这个被冻死的同志发棉衣，队伍里的同志含泪告诉他，被冻死的这个同志就是军需处长。在艰苦卓绝的岁月里，为了完成一个个艰巨的任务，

①《习近平谈治国理政》（第一卷），外文出版社 2014 年版，第 4 页。

无数共产党人不惜牺牲自己宝贵的生命。杨靖宇在冰天雪地、弹尽粮绝的情况下，孤身一人与大量日寇周旋，战斗几昼夜后壮烈牺牲。董存瑞立下誓言："我就是死后化成泥土，也要填到隆化中学的外壕里去，让大家踩着我们把隆化拿下来。"他用身体做支架，右手拉燃了导火索，将敌人的暗堡炸毁，用年轻的生命为部队的胜利开辟了道路。中国共产党为了实现共产主义的远大理想，几经挫折不断奋起，历经苦难而淬火成钢，为实现各项目标任务奋勇向前，不惧艰难险阻，不惧流血牺牲，带领中国人民取得了中国革命的伟大胜利。

"十三五"时期，在以习近平同志为核心的党中央的坚强领导下，广大干部担当作为、攻坚克难，顺利实现了确立的各项目标任务。全面深化改革取得重大突破，全面依法治国取得重大进展，全面从严治党取得重大成果，国家治理体系和治理能力现代化加快推进，脱贫攻坚成果举世瞩目，新冠肺炎疫情防控取得重大战略成果。为了完成消除绝对贫困的艰巨任务，数百万扶贫干部倾力奉献、苦干实干，1800 多名同志将生命定格在了脱贫攻坚的征程上。为了夺取全国抗疫斗争的胜利，各条战线的干部临危不惧，在困难面前豁得出、关键时刻冲得上，不放弃、不退缩。在过去"十三五"的五年里，广大干部在各个领域坚守职责、践行担当，与全国各族人民一起奋斗，顺利实现了第一个百年奋斗目标。

今天的中国，已经开启向第二个百年奋斗目标进军的新征程，到了实现中华民族伟大复兴的关键时期。要想顺利实现全面建成社会主义现代化强国的第二个百年奋斗目标，迫切需要建设一支坚决贯彻习近平新时代中国特色社会主义思想、符合新时期好干部标准、忠诚干净担当的高素质专业化干部队伍。当前，世界百年未有之大变局进入加速演变期，国际形势的不稳定性不确定性明显增强，新冠肺炎疫情大流行影响广泛深远，单边主义、保护主义、霸权主义对世界和平与发展构成威胁，世界进入动荡变革期。对我国发展而言，面临着前所未有的复杂环境，仍处于重要战略机遇期，但机遇和挑战都有新的发展变化，发展不平衡不充分问题仍然突出，重点领域关键环节改革任务仍然艰巨，全面实现社会主义现代化强国还有很长的路要走。站在新的起点上，广大干部尤其是年轻干部要读懂国际国内大势，以强烈的使命感、责任感接续奋斗、主动担当，团结带领全国各族人民实现我们党确立的各项目标任务。

三、勇于担当、善于作为是党的事业发展的必然要求

我们党的事业要想顺利向前发展，任何时候都离不开广大干部的担当作为。我们党自成立之日起，就主动担负起为中国人民谋幸福、为中华民族谋复兴的历史使命。建党之初，50多名党员就怀揣着伟大的梦想并为之奋斗，就像李大钊同志所说："新造民族之生命，挽回民族之青春。"建党百年来，中国共产党人为了人民幸福与民族复兴，主动挺起担当有为的脊梁。革命烈士方志敏写下的《可爱的中国》承载着多少共产党人的奋斗："我相信，到那时，到处都是活跃跃的创造，到处都是日新月异的进步，欢歌将代替了悲叹，笑脸将代替了哭脸"，"我们民族就可以无愧色的立在人类的面前"。正是因为革命战争时期，有像李大钊、方志敏、杨靖宇、赵一曼等无数革命先烈无私无畏、勇于担当，我们才建立了人民当家做主的中华人民共和国，彻底结束了旧中国半殖民地半封建社会的历史，彻底结束了旧中国一盘散沙的局面，彻底废除了列强强加给中国的不平等条约和帝国主义在中国的一切特权。

在和平年代，雷锋、焦裕禄、王进喜、孔繁森、杨善洲、张富清、张桂梅等先锋模范艰苦奋斗，无私奉献、勇于担当，谱写了一曲曲荡气回肠

的奋斗赞歌。新中国成立初期，王进喜带领1205钻井队昼夜兼程，奔赴大庆，打第二口井时突然发生井喷，他不顾腿伤，带头跳进水泥浆池里用身体搅拌，经过全队工人的奋战，终于压住了井喷，保住了钻机和油井。他为祖国石油工业的发展和社会主义建设立下了功勋、创造了巨大物质财富，还给我们留下了宝贵精神财富——铁人精神。一代代中国共产党人在各个时期、各个领域勇于担当、善于作为，团结带领中国人民把党和国家事业不断向前推进。中华民族从曾经的苦难深重到今日展现出的自信自强，以不可阻挡的步伐迈向第二个百年奋斗目标，带领中国人民过上幸福的生活，正是一代代勇于担当、善于作为的共产党人创造的伟大成就。

新时代要想把党的事业更加有力地推向前进，迫切需要广大干部尤其是年轻干部勇于担当、善于作为。党的十八大以来，党的事业之所以蓬勃发展，与广大干部主动担当作为是密不可分的。敢于担当是新时代衡量好干部的一条重要标准。习近平总书记在不同场合多次谈到干部的担当问题，他明确指出，实现中华民族伟大复兴的中国梦，关键在于培养造就一支具有铁一般信仰、铁一般信念、铁一般纪律、铁一般担当的干部队伍。2018年5月，中共中央办公厅印发《关于进一步激励广大干部新时代新担当新作为的意见》，强调以科学的机制激励干部的担当作为，为新时代干部的担当作为保驾护航。2019年修订的《党政领导干部选拔任用工作条例（2019）》指出，大力选拔敢于负责、敢于担当、善于作为、实绩突出的干部。年轻干部是党的事业向前发展的希望，是改革创新、事业发展的推动者，承载着全面建设社会主义现代化国家的重要任务，应时刻永葆“我将无我、不负人民”的担当情怀，推动党的事业不断向前发展。

延伸阅读

朱德坚持北上抗日的责任担当

抗战伊始，朱德就支持中央的抗日方针，一直坚持北上抗日。七七事变后第七天，朱德就为红军奔赴抗日前线写下了这样的誓言："我辈皆黄帝子孙，华族胄裔，生当其时，身负干戈，不能驱逐日寇出中国，何以为人！我们誓率全体红军，联合友军，即日开赴前线，与日寇决一死战，复我河山，保我民族，保卫国家，是我天职！"

此后，他在《为东下抗日告同胞书》和《留别西北同胞书》中又写道："我们抱定了最大的决心，要为民族的生存流到最后一滴血，不把日本帝国主义赶出中国，不把汉奸卖国贼完全肃清，决不停止。""要以我们的头颅和热血把日本强盗赶出中国，把汉奸铲除干净。"

正是有了无数像朱德这样的中华儿女前赴后继，中国人民才能迅速汇聚起气势磅礴的力量，用生命和鲜血谱写感天动地的反抗外来侵略的壮丽史诗。中国共产党的中流砥柱作用是中国人民抗日战争胜利的关键。朱德始终对党和人民的事业抱有必胜信心，坚决执行党中央的决定。他指出，"中国要打败日本，必须靠全国的工人和农民的力量。唯有中国共产党才能开展这场群众运动"，"我是共产党员，我的义务是执行党的决定"。

他与彭德怀等率领抗日将士挥师东渡黄河，开赴华北抗日前线，迅速打开敌后抗战新局面，建立了支持长期抗战、夺取最后胜利的重要战略基地，圆满落实了中央布局，为挺进敌后、开辟华北抗日根据地作出了重大贡献。

——孙业礼：《朱德在抗战中的伟大精神风范》，《北京日报》2015 年 6 月 29 日

第二节
准确把握勇于担当、善于作为的核心要义

面向未来，要实现中华民族的伟大复兴，年轻干部必须自觉肩负起党和人民寄予的重托，进一步增强政治担当、历史担当、责任担当，努力创造新时代的光辉业绩。习近平总书记对敢于担当的内涵作了“五个敢于”的深刻阐释，明确指出“党的干部必须坚持原则、认真负责，面对大是大非敢于亮剑，面对矛盾敢于迎难而上，面对危机敢于挺身而出，面对失误敢于承担责任，面对歪风邪气敢于坚决斗争”。[①]“五个敢于”是新时代干部担当精神的具体体现，深刻诠释了干部敢于担当、善于作为的核心要义，为新时代广大干部敢于担当、善于作为，更好地干事创业提供了根本遵循。

一、面对大是大非敢于亮剑

亮剑，是指古代剑客面对强大的对手，敢于坚决亮出宝剑勇于战斗的精神。党的十八大以来，习近平总书记针对一些干部在大是大非和政治原则问题上态度暧昧或认识模糊，党内政治生活中丧失原则、不敢批评的“好人主义”，作风建设中的“四风”蔓延等问题，在不同场合多次强调要敢于亮剑，用这一形象的比喻要求广大干部坚持原则、勇于负责、敢于担当。面对大是大非敢于亮剑，鲜明地体现了一名干部坚定的政治立场，就是指广大干部在事关党和国家前途命运、事关最广大人民群众根本利益、

① 《习近平谈治国理政》（第一卷），外文出版社 2014 年版，第 413 页。

事关实现中华民族伟大复兴的大是大非面前，敢于发声，敢于亮出自己的正确观点，始终与党同心同德，始终坚持党的事业第一、人民利益第一。这既是对组织负责，也是对人民负责。

当前，在世界多极化、经济全球化、文化多样化、社会信息化的执政环境下，年轻干部在大是大非面前必须敢于亮剑，在思想上政治上行动上要始终同以习近平同志为核心的党中央保持高度一致。具体来讲，年轻干部要旗帜鲜明地反对和抵制那些否定党的领导、党的基本路线、党的历史、中国特色社会主义制度的言行，反对和抵制那些否定党的领袖和英雄人物的言行，反对和抵制那些编造谣言丑化党和国家形象的言行，坚决维护党和国家的形象。此外，针对当前我国意识形态领域的各种不当言论、错误思潮，广大干部必须要敢于亮剑，坚决捍卫马克思主义在意识形态领域的指导地位。当前，个别干部是非不明、善恶不辨、美丑不分，崇尚拜金主义、享乐主义和极端个人主义。所以，一名干部要做到大是大非面前敢于亮剑，首先要不断增强政治鉴别力，提高在大是大非问题面前的识别力。要善于透过现象看本质，善于从政治上去认识问题、分析问题，善于在复杂的形势环境中明辨是非、区分善恶、分清美丑。

二、面对矛盾敢于迎难而上

矛盾是客观存在的，无时不有、无处不在。在矛盾面前，广大干部不能退缩，要敢于迎难而上。面对矛盾敢于迎难而上，就是指遇到矛盾不怕事，碰到问题不回避，在面对矛盾和困难时有责任担当，能迎难而上。我们党百年风雨历程在曲折中前进，是不断与各种矛盾作斗争的历史。我们党诞生之初，就面临着民族独立和人民解放的重任，团结带领人民解决了一个又一个矛盾，浴血奋战、百折不挠，取得了新民主主义革命的胜利。

新中国成立后，为了确立社会主义基本制度，我们党带领人民艰苦奋斗、自力更生，创造了社会主义革命和建设的伟大成就。改革开放和社会主义现代化建设时期，为了解放生产力、发展生产力，我们党迎难而上，解放思想、锐意进取，带领人民实现了改革开放和社会主义现代化建设的伟大成就。中国特色社会主义进入新时代，我们党团结带领中国人民继续迎难而上，自信自强、守正创新，创造了新时代中国特色社会主义的伟大成就。

百年历程处处铭刻着我们党敢于直面矛盾、迎难而上的奋斗足迹。当前，个别年轻干部依然存在回避矛盾、害怕困难、在其位不谋其政等突出问题。在实现第二个百年奋斗目标的新征程上，我国发展会面临各种突出矛盾和困难，迫切需要广大年轻干部敢于直面矛盾、问题，以主动担当的意识迎难而上。新时代年轻干部要有直面矛盾的勇气，在工作中遇到矛盾时不逃避、不推诿，充满信心、积极应对，努力解决各种矛盾。当然，年轻干部面对矛盾时，只凭借一股子闯劲、猛劲是不行的，要依据时代发展的需要，注重在实践中增强本领，不断提高解决实际问题的能力。时代赋予年轻干部特殊的历史使命，年轻干部要在理论、作风、能力等方面打下坚实基础，在面对矛盾的时候，将敢闯敢干与科学实干紧密结合起来。

三、面对危机敢于挺身而出

大事难事见担当，危急时刻显本色。入党誓词中有这样一句话：随时准备为党和人民牺牲一切。看一名干部是否敢于担当，不仅要看他在平时工作中是否尽职尽责，更要看他在紧急关头时是否挺身而出。《党章》中明确指出，中国共产党是中国工人阶级的先锋队，同时是中国人民和中华民族的先锋队。党的先锋队的性质决定了党员干部必须担当作为，面对危机必须挺身而出。面对危机敢于挺身而出，就是在紧急关头与危急时刻不胆怯，勇敢站出来、冲上去，当好中华民族的先锋队。在28年的新民主主义革命历程中，中国共产党人为了百姓不再受苦，为了革命事业的成功不怕牺牲、冲锋在前，可以查到姓名的牺牲的共产党员有370多万人；在艰苦奋斗、改革攻坚的关键时刻，在抗震救灾、抗洪抢险等急难险重任务面前，广大干部冲锋在前、不惧风险。

中国特色社会主义进入新时代，在扶贫攻坚、疫情防控等关键时刻，坚守在各个岗位的党员干部冲锋在前、甘于奉献。当前，在抗击疫情的紧要关头，很多干部为了保护人民的生命安全挺身而出，将鲜红的党旗插在抗击疫情的最前线，用实际行动忠实践行了“我是党员，我先上”“疫情在哪里，党员干部就要战斗在哪里”的铮铮誓言。百年风雨，我们党带领中国人民渡过了一道又一道沟坎，取得了一个又一个成绩，广大干部在关键时刻的挺身而出起到了极为重要的作用。新时代广大干部尤其是年轻干部必须要时刻牢记入党时对党和人民许下的庄严承诺，在紧急关头、关键时刻勇敢站出来、冲上去，敢于挑大梁，当好中流砥柱，真正成为带领人民群众战风险、渡难关的民族脊梁。思想问题是最根本的问题。面对危机敢于挺身而出，要求年轻干部要把对党忠诚烙在思想深处，忠诚一辈子，奉献一辈子，在对党忠诚上没有丝毫含糊、不存任何迟疑。对党忠诚不是抽象的而是具体的，在各种危机面前，年轻干部要以敢于挺身而出的实际行动诠释对党的绝对忠诚。

四、面对失误敢于承担责任

实践多次告诉我们，世界上没有任何一项事业是一帆风顺的。当前，我们处于前所未有的变革时代，干着前无古人的伟大事业，尤其是处于改革攻坚克难的关键时期，缺乏可遵循的现成经验。先试先行不可避免会出现失误，攻坚克难的过程中有失误在所难免，关键在于以什么样的态度去面对。在各种失误面前，年轻干部必须要敢于承担责任。面对失误敢于承担责任，就是以强烈的担当意识直面失误，不推诿、不躲闪，主动承担错误、承担后果。在党的历史上，很多老一辈无产阶级革命家给全党同志作出了很好的榜样。陈云同志在党的七大发言中讲了三个问题，第一个问题就是结合党的六届七中全会通过的《关于若干历史问题的决议》，对他当中央委员即从三中全会到七大这十多年中的革命经历进行深刻的检讨和剖析。陈云同志认为，在这次会上给自己算一算账，是需要而且有责任的。

面对失误敢于承担责任，体现了一名共产党人的担当精神，展现了一名共产党人的政治本色。在实现第二个百年奋斗目标的新征程上，要及时发现、合理使用面对失误敢于担责的优秀干部，使面对失误敢于承担责任成为干部的自觉追求。新时代年轻干部面对失误敢于承担责任，从自身来讲应尤其注重以下两个方面。首先，直面错误，敢于认错。“人非圣贤，孰能无过。”任何一个人想做到一生完全不犯错误是很难的。作为一名年轻干部，对取得的成绩和存在的失误要有正确的态度，绝对不能有了成绩都归自己，出了问题就全部推给别人，要有直面失误的坦荡胸怀。其次，知错能改，勇于纠错。“人谁无过，过而能改，善莫大焉。”年轻干部敢于认错很重要，但自觉改错更为重要。如果不用心改正以前的错误，下次有可能还会重演以前的失误。“过而不改，是谓过矣。”有了过错不加以改正，这才是真正的过错。年轻干部要有改正错误的思想自觉和行动自觉，认真总结失误的教训，善于把教训化为更好工作的不竭动力。

五、面对歪风邪气敢于坚决斗争

歪风邪气指不良的作风和风气。面对危害党和人民利益的歪风邪气，年轻干部必须敢于坚决斗争，敢于动真碰硬，敢抓敢管敢批评，不做一团和气的“老好人”。在党的历史上，从遵义会议到延安整风运动，从关于真理标准问题的大讨论到全面从严治党永远在路上，之所以影响深远，关键在于我们党面对歪风邪气敢于坚决斗争。新中国成立之初，针对部分党员骄傲情绪滋生、官僚作风和思想不纯等问题，党中央于1950年开展了整风运动。这次整风的主要任务是，克服以功臣自居的骄傲自满情绪，克服官僚主义和命令主义，改善党和人民的关系。2012年，刚刚当选为中共中央总书记的习近平在与中外记者见面时指出：“我们党面临着许多严峻挑战，党内存在着许多亟待解决的问题。尤其是一些党员干部中发生的贪污腐败、脱离群众、形式主义、官僚主义等问题，必须下大气力解决。”① 在每一次重大转折的十字路口，中华民族都能驶向正确的方向，和广大干部面对歪风邪气敢于坚决斗争是密不可分的。

营造风清气正的政治生态是一项长期而艰巨的重大政治任务，显然这离不开广大干部持之以恒地与歪风邪气坚决斗争。当前，个别干部对歪风邪气视而不见，有的碍于面子当起了“好好先生”，有的干部不敢和歪风邪气作斗争，还有的主动参与到不正之风中。新时代年轻干部面对歪风邪气必须敢于坚决斗争，绝不能听之任之，要用自己的“一身正气”压倒歪风邪气，不给歪风邪气滋生和蔓延的机会，让坚持真理、明辨是非、敢于担当的优良作风成为常态。面对歪风邪气敢于坚决斗争，要求年轻干部首先

①《习近平谈治国理政》（第一卷），外文出版社2014年版，第4页。

要发扬顽强的斗争精神，不断增强斗争本领。如果一名年轻干部在工作中没有斗争本领或斗争本领偏弱，不可能很好地与歪风邪气坚决斗争。每个人的斗争本领都不是与生俱来的，广大年轻干部要把准斗争方向，坚定斗争意志，掌握斗争方法，锤炼过硬的斗争本领，做一名新时代敢于斗争、善于斗争的勇士。

延伸阅读

周恩来同志是勇于担当　鞠躬尽瘁的杰出楷模

周恩来同志是伟大的马克思主义者，伟大的无产阶级革命家、政治家、军事家、外交家，党和国家主要领导人之一，中国人民解放军主要创建人之一，中华人民共和国的开国元勋，是以毛泽东为核心的党的第一代中央领导集体的重要成员。周恩来，这是一个光荣的名字、不朽的名字。每当我们提起这个名字就感到很温暖、很自豪。

周恩来同志是勇于担当、鞠躬尽瘁的杰出楷模。周恩来同志一生勇肩重任，勇挑重担，呕心沥血，任劳任怨。他说："为着我们子子孙孙的幸福，我们不能不暂时把许多困难担当起来。""畏难苟安，不是共产党人的品质。"新中国成立后，他平时每天工作都在12个小时以上，有时在16个小时以上。"文化大革命"时期更是辛苦，夜以继日，有时一天只能休息两三个小时，即便是得了重病之后也是如此。周恩来同志说："既然把我推上历史舞台，我就得完成历史任务。"他数十年如一日，即使在生命最后时期，还抱病操劳国事，心忧百姓。他说，死我并不怕。古人说，人活七十古来稀，我已是七十七岁多的人了，也算得上是高寿了。可是这二十几年的时间，总应该把国家建设得好点，人民的生活多改善一些，去马克思那里报到，才感到安心。现在这种状况去报到，总感到内疚、羞愧。周恩来同志真正做到了鞠躬尽瘁、死而后已。

——习近平：《在纪念周恩来同志诞辰120周年座谈会上的讲话》，新华社北京2018年3月1日电

第三节
年轻干部勇于担当、善于作为的实践要求

在新的征程上，广大干部肩负着新的更为艰巨的历史任务，不熟悉、不确定的因素很多，难以预见的风险考验很多，很多问题的挑战性世所罕见。要想更好地推进中国特色社会主义伟大事业，迫切需要广大干部尤其是年轻干部有直面矛盾的勇气，有敢于担当的精神。年轻干部不管在什么岗位上，都要忠诚于党和国家的事业，展现出勇于担当、善于作为的宝贵品格。新时代年轻干部勇于担当、善于作为，要不断增强政治定力，切实提高解决问题能力，弘扬伟大建党精神，增强狠抓落实本领，努力成为让组织放心、让人民满意的优秀干部。

一、不断增强政治定力，提高担当的自觉

习近平总书记在十八届中共中央政治局常委同中外记者见面会上，庄严地提出“三个责任”：对民族的责任、对人民的责任、对党的责任。这是中国共产党人的使命担当。干部干部，干是当头的。广大干部的担当源自坚定的政治定力，有了坚定的政治定力才能真担当。新时代年轻干部要不断增强政治定力，提高担当的自觉，以坚定的理想信念固积极作为之本，以深厚的理论素养固积极作为之基，以强烈的宗旨意识固积极作为之源。

（一）以坚定的理想信念固积极作为之本

一名年轻干部如果信念不坚定或理想信念出了问题，不可能很好地为党和人民的事业勇于担当、善于作为。坚定的理想信念是年轻干部担当作为的精神力量。习近平总书记明确指出："长征是一次理想信念的伟大远征。崇高的理想，坚定的信念，永远是中国共产党人的政治灵魂。"[①]我们党自成立之日起，就把共产主义确立为远大理想，长征途中党和红军几经挫折而不断奋起，归根到底在于对理想信念的执着。"风雨侵衣骨更硬，野菜充饥志越坚；官兵一致同甘苦，革命理想高于天。"艰苦的长征路上，崇高的理想和坚定的信念指引着红军一路向前。

当前，个别干部在工作中不担当、不作为，原因固然是多方面的，追根溯源是由于理想信念"总开关"出了问题。坚定马克思主义信仰，坚定共产主义和中国特色社会主义信念，始终是中国共产党人安身立命之本，始终是激励和鼓舞中国共产党人不懈努力奋斗、勇于担当的精神动力。习近平总书记指出，理想信念动摇是最危险的动摇，理想信念滑坡是最危险的滑坡。当前，国际国内形势复杂多变，各种挑战多、风口浪尖的考验多，如果一名年轻干部理想信念不坚定，精神上"缺钙"，就容易在风浪面前东摇西摆。这就需要年轻干部在政治上有定力。

新时代年轻干部要深刻认识坚定理想信念的极端重要性，认真学习习近平总书记关于理想信念的一系列重要论述，把坚定理想信念作为十分重要的人生必修课，始终保持对远大理想和奋斗目标的清醒认知和执着追求，自觉做共产主义远大理想和中国特色社会主义共同理想的坚定信仰者和忠实实践者。

---

① 习近平：《论中国共产党历史》，中央文献出版社2021年版，第140页。

（二）以深厚的理论素养固积极作为之基

一名年轻干部勇于担当、善于作为，不仅要有政治上的坚定，还必须要有理论上的清醒。如果年轻干部在理论上不清醒、很糊涂，那么遇到复杂问题时就会迷失方向，甚至被错误的东西所俘虏。新时代年轻干部要有加强理论学习的紧迫感、自觉性，把学习掌握马克思主义理论作为看家本领，这样才能把握担当的方向、提高担当的能力。我们党是一个高度重视学习、善于学习的马克思主义执政党，一部党的历史就是一部创造性学习的历史。十月革命一声炮响，给中国送来了马克思列宁主义，我们党是在学习马克思主义的过程中成立的，始终把马克思主义作为自己的行动指南。延安时期，毛泽东提出“马克思主义中国化”，发表了《改造我们的学习》，在“怎么学”的问题上把学风摆在党的建设重要位置。改革开放时期，全党开启了全新的学习。邓小平说：“将来要培养一大批拥有马克思主义理论素养的领导干部。”

党的十八大以来，以习近平同志为核心的党中央根据时代变化和实践发展，把成功的实践上升为理论。新时代新担当新作为的首要要求，就是学懂弄通做实习近平新时代中国特色社会主义思想，用新的思想指导新的实践，以深厚的理论素养为担当作为提供思想上的有力支撑。新时代年轻干部在理论学习中要紧密结合新时代新实践新任务，有针对性地重点学习，结合本职工作学习。要坚持读原著、学原文、悟原理，往深里走、往实里走、往心里走，带着信念学、带着感情学、带着使命学，为新时代担当作为打下坚实的理论基础。通过深入学习，进一步坚定道路自信、理论自信、制度自信、文化自信，对“四个自信”真正做到刻骨铭心，自信才有力量，自信才能担当。

（三）以强烈的宗旨意识固积极作为之源

一名年轻干部不管在什么工作岗位上，都肩负着党和人民的重托，意味着责任和付出，意味着奉献和牺牲。年轻干部敢于担当、善于作为，必须牢固树立全心全意为人民服务的宗旨意识，必须对人民群众怀有深厚的感情。如果宗旨意识淡薄，不可能为党和人民的事业真担当、真作为。党的百年历史告诉我们，党员干部必须始终牢固树立强烈的宗旨意识，否则，我们党的事业就会一事无成。习近平总书记在庆祝中国共产党成立100周年大会上的重要讲话中指出："江山就是人民、人民就是江山，打江山、守江山，守的是人民的心。中国共产党根基在人民、血脉在人民、力量在人民。"①在沂蒙，诞生了无数可歌可泣的英雄儿女，沂蒙六姐妹、沂蒙母亲、沂蒙红嫂，"最后一块布做军装，最后一粒米做军粮，最后一个儿子送战场"，道出了沂蒙红嫂为支持抗战倾其所有，包括救命的粮食和最珍贵的生命。

鄂豫皖苏区能够"二十八年红旗不倒"、新四军能够在江淮大地同敌人奋战到底，刘邓大军千里跃进大别山能够站住脚、扎下根，淮海战役能够势如破竹，百万雄师过大江能够气吞万里如虎，根本原因是我们党同人民一条心、军民团结如一人。②新时代年轻干部在工作中要始终坚持以人民为中心的发展思想，真心实意对人民群众负责，尽职尽责做好本职工作。首先，学好党史，领悟初心。年轻干部要从学习党的历史中深刻领会我们党的根本宗旨、党的初心和使命、党的根本政治立场、党的根本工作路线等。从学习中深深地懂得，在前进的道路上，我们党必须始终紧紧依靠人民、为了人民，才能永远立于不败之地。其次，对照先进典型、身边榜样，寻

① 习近平：《在庆祝中国共产党成立100周年大会上的讲话》，《人民日报》2021年7月2日，第2版。

② 习近平：《论中国共产党历史》，中央文献出版社2021年版，第47—48页。

找差距。年轻干部在工作中要经常对照先进典型、身边榜样，找一找自己在群众观点、群众立场、群众感情、服务群众方面存在哪些差距，有的放矢进行整改。

二、提高解决问题能力，增强担当的底气

提高解决实际问题能力是应对当前复杂形势、完成艰巨任务的迫切需要，也是年轻干部成长的必然要求。年轻干部勇于担当、善于作为，必须有过硬的能力作支撑。如果没有过硬的能力，勇于担当、善于作为就是一句空话！新时代广大干部特别是年轻干部要切实提高政治能力、调查研究能力、科学决策能力、改革攻坚能力、应急处突能力、群众工作能力、抓落实能力，想干事、能干事、干成事，不断解决问题、破解难题。“七种能力”不是孤立的，而是相互联系、相互作用、相互促进，构成了一个完整的领导能力体系，是干部做好工作的重要前提和保障。

（一）提高政治能力，担负政治责任

政治能力是干部立身之本、从政之基。习近平总书记指出，在干部干好工作所需的各种能力中，政治能力是第一位的。有了过硬的政治能力，才能做到自觉在思想上政治上行动上同党中央保持高度一致，在任何时候任何情况下都能“不畏浮云遮望眼”“乱云飞渡仍从容”。政治能力就是把握方向、把握大势、把握全局的能力，就是辨别政治是非、保持政治定力、驾驭政治局面、防范政治风险的能力。提高干部政治能力，是加强党的政治建设的重要内容，是有效应对各种风险挑战的关键之举，是推进中国特色社会主义伟大事业的必然要求。年轻干部提高政治能力，首先要牢牢把握正确政治方向，自觉地坚持党的领导和我国社会主义制度。凡是有利于坚持党的领导和我国社会主义制度的事就坚定不移做，凡是不利于坚持党

的领导和我国社会主义制度的事就坚决不做！此外，年轻干部要不断提高政治敏锐性和政治鉴别力，自觉加强政治历练，注重提高马克思主义理论水平，努力做到政治能力过硬。

（二）提高调查研究能力，夯实调查研究质量

调查研究是谋事之基、成事之道，是干部做好领导工作的一项基本功。调查研究能力是干部整体素质和能力的一个重要组成部分。新时代年轻干部要始终坚持和不断加强调查研究，不断提高调查研究能力，努力在求深、求实、求细、求准、求效上下功夫。“深”，就是要深入群众，深入基层，善于与工人、农民、知识分子和社会各界人士交朋友，到田间、厂矿、群众和社会各层面中去解决问题。“实”，就是作风要实，做到轻车简从，简化公务接待，真正做到听实话、摸实情、办实事。“细”，就是要认真听取各方面的意见，深入分析问题，掌握全面情况。“准”，就是不仅要全面深入细致地了解实际情况，更要善于分析矛盾、发现问题，透过现象看本质，把握规律性的东西。“效”，就是提出解决问题的办法要切实可行，制定的政策措施要有较强操作性，做到出实招，见实效。[①]

（三）提高科学决策能力，应对复杂决策难题

科学决策是科学执政的基础，是领导工作的重要一环。新时代年轻干部要想做到科学决策，必须不断提高科学决策能力，这是干部干事创业、履职尽责的必然要求。习近平总书记在2020年秋季学期中央党校（国家行政学院）中青年干部培训班开班式上发表重要讲话强调，做到科学决策，首先要有战略眼光，看得远、想得深。领导干部想问题、作决策，一定要对国之大者心中有数，多打大算盘、算大账，少打小算盘、算小账，善于

① 习近平：《之江新语》，浙江人民出版社2007年版，第1页。

把地区和部门的工作融入党和国家事业大棋局，做到既为一域争光、更为全局添彩。其次，始终坚持依法决策，力戒随意决策、人情决策。年轻干部要深刻学习领会习近平法治思想，做尊法学法守法用法的模范，做到在法治之下想问题、作决策。此外，年轻干部作决策一定要开展可行性研究，多方听取意见，综合评判，科学取舍，使决策符合实际情况。

（四）提高改革攻坚能力，助推全面深化改革

全面深化改革是“四个全面”战略布局之一，新的征程上要夺取全面深化改革新胜利，离不开广大年轻干部过硬的改革攻坚能力。改革攻坚能力，是指解决重大改革难题的能力，就是指“涉险滩”“啃硬骨头”的能力。“十四五”时期，我国进入新发展阶段，构建新发展格局，推动高质量发展，继续走在时代前列，要求广大年轻干部必须不断提高改革攻坚能力。习近平总书记在2020年秋季学期中央党校（国家行政学院）中青年干部培训班开班式上发表重要讲话强调，改革攻坚要有正确方法，坚持创新思维，跟着问题走、奔着问题去，准确识变、科学应变、主动求变，在把握规律的基础上实现变革创新。要尊重群众首创精神，把加强顶层设计和坚持问计于民统一起来，从生动鲜活的基层实践中汲取智慧。要注重增强系统性、整体性、协同性，使各项改革举措相互配合、相互促进、相得益彰。

（五）提高应急处突能力，防范化解重大风险

在全面建设社会主义现代化国家新征程的前进道路上，我们仍然面临着许多挑战和风险。要想更好地应对各种风险挑战，迫切需要广大干部特别是年轻干部具备过硬的应急处突能力。提高干部应急处突能力，是应对各种风险挑战的现实需要，是维护经济社会发展大局的必然要求。当前，我们党面临的风险来自各个方面，如政治安全风险、意识形态安全风险、经济发展风险、社会稳定风险等。年轻干部提高应急处突能力，首先要切

实增强风险防范意识，下好先手棋、打好主动仗，作好随时应对各种风险挑战的准备。其次，科学预判潜在的风险。预判风险是防范风险的前提。对潜在的风险要有科学预判，知道风险在哪里，表现形式是什么，发展趋势会怎样，该斗争的就要坚决斗争。此外，年轻干部还要提高应急处突的见识和胆识，努力成为所在工作领域的行家里手。

（六）提高群众工作能力，增强为民执政底气

全心全意为人民服务是我们党的根本宗旨。新时代年轻干部要想更好地践行这一根本宗旨，必须具备过硬的群众工作能力。年轻干部提高群众工作能力，要学会换位思考。习近平总书记指出，做群众工作要注意换位思考，设身处地为群众着想。只有将心比心，才能换取真心，才能找到解决问题、推动工作的良策。年轻干部要自觉拜人民为师，甘当小学生，向能者求教，向智者问策，特别要多交几个能说心里话的基层朋友。共产党的干部是当“老百姓的官”，在做群众工作中，年轻干部一定要带着真挚的深厚的感情同人民群众沟通，做人民群众的贴心人。如果一名年轻干部对人民群众没有感情或感情不深，不可能做好群众工作。年轻干部要时刻把群众安危冷暖放在心上，切实解决好人民群众在就业、教育、医保、社保、收入、住房等方面的“急难愁盼”问题，不断增强人民群众的“民生三感”。

（七）提高抓落实能力，不折不扣抓好落实

抓落实是领导工作中一个极为重要的环节，是衡量一名干部世界观正确与否和党性强不强的一个重要标志。抓落实能力是七种能力中最后一种能力，是检验干部政治能力、调查研究能力、科学决策能力等能力的重要依据。工作中看一名干部的能力到底怎么样，最终要看他的抓落实能力怎么样，要看他是否把党和国家各项方针政策、工作部署和措施要求落实到实践中去、落实到群众中去。习近平总书记指出，干事业不能做样子，必

须脚踏实地，抓工作落实要以上率下、真抓实干。年轻干部提高抓落实能力，首先必须要牢固树立党的宗旨意识，把执政为民贯穿到各项工作的落实中去。干部在抓落实的过程中，肯定会遇到很多矛盾和问题。在矛盾和问题面前，不能被吓倒，要具有知难而进、锲而不舍的奋斗精神，千方百计地去及时解决各种矛盾和问题。

延伸阅读

敢于从实际出发拍板决策的焦裕禄

面对兰考严峻灾情的考验，关键时刻焦裕禄还敢于从实际出发拍板决策。时任兰考县委宣传干事的刘俊生介绍，因为逃荒的人太多，为了刺激生产积极性，当时有的地方私下把荒地和一些边远地块承包给社员耕种。看到有的村把枣树包给个人后，群众收获了不少枣子，焦裕禄冒险搞了林木承包责任制。

当时讨论时，县里有关领导表示，相关政策没有依据，只能根据原来的基础、群众的觉悟逐步去搞。但焦裕禄认为，不能等了。他说，改变兰考的面貌，要根据兰考的实际想问题。包下去的是责任，没有改变社会主义性质。他同时强调，种树一定要实事求是，栽一亩就报一亩，种一棵就报一棵，不准搞浮夸，不准去攀比。

“那时候是谈包色变，包产到户便是资本主义，谁敢说一个‘包’字，就是立场问题、路线问题。”刘俊生说，“但是焦裕禄没有回避这个问题，他鼓励大家放开胆子大搞林业，还说‘我们心里有一片绿，才会有兰考大地的一片绿’！”

——张兴军：《焦裕禄的“为政之道”》，新华网 2014 年 5 月 13 日

三、弘扬伟大建党精神，永葆担当的情怀

习近平总书记在庆祝中国共产党成立100周年大会上的重要讲话中，首次提出并阐释了伟大建党精神。他指出：“一百年前，中国共产党的先驱们创建了中国共产党，形成了坚持真理、坚守理想，践行初心、担当使命，不怕牺牲、英勇斗争，对党忠诚、不负人民的伟大建党精神，这是中国共产党的精神之源。”伟大建党精神体现了我们党为人民、为民族的使命担当，告诉每一位党员干部要始终牢记党的初心使命与担当精神。在实现第二个百年奋斗目标的征程中，年轻干部要把为人民服务作为工作的出发点与落脚点，把为党和人民奋斗作为永恒的担当，始终牢记党的二十大报告中要求的“弘扬伟大建党精神”，永葆共产党人的担当情怀。

（一）伟大建党精神激励干部心怀“国之大者”

2020年以来，习近平总书记在多个场合多次谈到“国之大者”。2020年4月，习近平总书记在陕西考察时首次提出“国之大者”，强调要自觉讲政治，对国之大者要心中有数，关注党中央在关心什么、强调什么，深刻领会什么是党和国家最重要的利益、什么是最需要坚定维护的立场。“国之大者”就是事关党和国家前途命运、事关中华民族伟大复兴、事关人民幸福安康、事关社会长治久安的大事。在庆祝中国共产党成立100周年大会上的重要讲话中，习近平总书记强调，要“牢记‘国之大者’”。对于中国共产党人而言，“人民”重于千钧，“人民”就是一切，“让人民生活幸福就是‘国之大者’”。党的十八大以来，从强调“人民对美好生活的向往，就是我们的奋斗目标”，到“不惜一切代价”救治新冠肺炎患者，再到“一个也不能少”如期打赢脱贫攻坚战，每一句承诺，每一个行动，都诠释着中国共产党不变的初心和使命。

新时代年轻干部心怀“国之大者”，首先，应立足“两个大局”。“领导干部要胸怀两个大局，一个是中华民族伟大复兴的战略全局，一个是世界百年未有之大变局，这是我们谋划工作的基本出发点。”年轻干部要清醒地认识当前国际国内各种不利因素的长期性、复杂性，妥善做好应对各种困难局面的准备，谋定而后动，厚积而薄发，在危机中育先机、于变局中开新局。其次，不断提高“政治三力”。年轻干部心怀“国之大者”，必须要不断提高政治判断力、政治领悟力、政治执行力，自觉在思想上政治上行动上同党中央保持高度一致。提高“政治三力”，是年轻干部旗帜鲜明讲政治的核心所在，是不断增强“四个意识”、坚定“四个自信”、做到“两个维护”的必然要求。此外，坚定人民立场。心怀“国之大者”，要求年轻干部必须要站稳人民立场，始终同人民想在一起、干在一起，在工作中千方百计地实现好、维护好、发展好最广大人民群众的根本利益。

（二）伟大建党精神激励干部永葆无私情怀

我们党从成立之日起，就把立党为公庄严地写在自己的旗帜上。共产党人的无私情怀就是大公无私、公私分明、先公后私、公而忘私。《共产党宣言》中指出，共产党人“没有任何同整个无产阶级的利益不同的利益”。《党章》中明确规定：党除了工人阶级和最广大人民群众的利益，没有自己特殊的利益。在中国革命、建设、改革的漫漫征程中，千千万万的共产党员前赴后继，用无私情怀照亮了时代的前进之路。孔繁森把自己的身心投入西藏的建设，在岗巴工作的3年间，他跑遍全县的乡村、牧区，访贫问苦，和当地群众一起收割、打场、干农活、修水利。张富清在部队保家卫国，到地方为民造福，他用无私奉献诠释了“我是革命一块砖，哪里需要哪里搬”。各个时期中国共产党人的无私奉献，是我们党取得胜利的重要原因。

伟大建党精神让我们看到中国共产党由小到大、由弱到强，团结带领中国人民创造历史伟业，其中一个重要原因就是中国共产党人“天下兴亡、匹夫有责”的无私情怀。新时代年轻干部永葆无私情怀，一是要牢固树立正确的权力观。年轻干部手中掌握一定的公共权力，要想做到正确用权，必须树立正确的权力观。如果权力观错位了，很容易走向犯罪道路，更谈不上无私情怀。年轻干部要牢固树立“权为民所赋，权为民所用”的权力观，把人民群众利益放在行使权力的最高位置，把人民群众满意作为行使权力的根本标准。二是年轻干部办事要出于公心。“一心可以丧邦，一心可以兴邦，只在公私之间尔。”领导干部身份是公职、公仆，职责是公务、公干，维护的是公益、公利，就应当始终秉持公心。只有一心为公、事事出于公心，才能坦荡做人、谨慎用权，才能光明正大、堂堂正正。[①]

（三）伟大建党精神激励干部涵养浩然正气

在中国共产党的百年奋斗历程中，无数共产党人大义凛然赴国难，披肝沥胆作奉献，“从长征的血战到抗日的烽烟，从建设的探索到改革的攻坚，从发展的事业到复兴的伟业”，中国共产党人用浩然正气演绎出无数可歌可泣的感人事迹。在党的历史上，毛泽东拒绝安排亲友进京工作，周恩来不让亲友获特权，刘少奇要求身边工作人员不准向地方提任何要求和接受任何礼物，这些老一辈无产阶级革命家以身作则给我们树立了榜样。年轻干部只有以浩然正气引航，人生之舟才能平稳前行。弘扬伟大建党精神，要求年轻干部要常怀忧党之心、为党之责、强党之志，不断提升党性修养，涵养浩然正气，永葆共产党人政治本色。

---

① 刘云山：《领导干部要敢于担当》，《学习时报》2014 年 3 月 9 日。

首先，用经典涵养正气。习近平总书记指出："共产党人要把读马克思主义经典、悟马克思主义原理当作一种生活习惯、当作一种精神追求，用经典涵养正气、淬炼思想、升华境界、指导实践。"[①]年轻干部要认真学习马克思主义经典著作，从中汲取科学智慧和精神力量，筑牢坚守信仰的铜墙铁壁。通过学习马克思主义经典，从中感悟伟人一身正气、襟怀坦荡的品格，以实际行动展现共产党人的浩然正气。其次，做到清正廉洁涵养正气。一名年轻干部清正廉洁才能刚正不阿，自己行得正才能敢担当。如果自己不干净、贪污受贿，就无法要求别人，人民群众就不会跟你走。廉洁历来被视为从政者的本分，是为官从政最起码的要求。公生明、廉生威，廉洁自有正气来。新时代年轻干部要把廉洁从政作为十分重要的生命线，始终坚持廉洁自律的道德操守，做廉洁从政的"清白人"。

四、增强狠抓落实本领，做新时代实干家

年轻干部勇于担当、善于作为，不仅需要勇气，更需要执政本领，尤其需要过硬的狠抓落实本领。艺高人胆大，有了硬本领才能真担当。年轻干部勇于担当、善于作为，必须勤于抓落实、善于抓落实。"为政贵在行，以实则治，以文则不治。"狠抓落实，就是狠抓党和国家各项方针政策、工作部署和措施要求的落实。具体来讲，就是落实到实践中去，落实到基层中去，落实到群众中去，以确保党和国家确定的目标任务顺利实现。新时代年轻干部在工作中增强狠抓落实本领，必须要树立正确的政绩观，不断增强大局意识，大力发扬钉钉子精神，做一名新时代实干家。

① 习近平：《论中国共产党历史》，中央文献出版社 2021 年版，第 210 页。

（一）狠抓落实必须树立正确的政绩观

所谓政绩观，是指干部对政绩的总体看法和认识，包括干部的政绩为谁而树，树立什么样的政绩和怎样树立政绩等。政绩观往往决定着一名干部的工作思路、工作方式，对如何从政、如何施政具有非常重要的导向作用。年轻干部树立正确的政绩观，抓落实才能坚持正确的方向。中共中央组织部在2020年印发的《关于改进推动高质量发展的政绩考核的通知》中强调，要把人民群众的获得感、幸福感、安全感作为评判领导干部推动高质量发展政绩的重要标准。“四有干部”的典范谷文昌把造福一方当作最好的政绩。“不带私心搞革命，一心一意为人民”，谷文昌将这两句话写在笔记本上，践行了一辈子。他在福建省东山县工作14年间，带领东山县人民与风灾、旱灾抗争，植树造林，兴修水利，改善交通，发展生产，把一个风沙肆虐的荒岛变成生机盎然的东海绿洲，为经济建设和社会发展奠定了坚实的基础，赢得了东山十万民心。

当前，个别年轻干部政绩观之所以扭曲，一个重要原因是“私”字作怪。为人民谋利益还是为个人谋私利，是衡量一名年轻干部政绩观正确与否的分水岭。新时代年轻干部干事创业，必须要树立以造福人民为最大政绩的政绩观，把人民利益放在第一位。首先，要有“功成不必在我”的精神境界。功成不必在我，并不是消极、怠政、不作为，而是要牢固树立正确政绩观。年轻干部要力戒急于求成的思想，坚决不搞劳民伤财的“形象工程”“政绩工程”，要开阔视野、谋划长远，多做为后人作铺垫、打基础、利长远的好事。其次，要有“功成必定有我”的历史担当。为官一任，造福一方。年轻干部在工作中要脚踏实地、埋头苦干、干在当下，真心诚意给老百姓排忧解难，多做让老百姓看得见、摸得着、得实惠的实事。

（二）狠抓落实必须增强大局意识

“不谋全局者，不足谋一域。”年轻干部在工作中狠抓落实，必须不断增强大局意识，自觉地把工作放到大局中去思考，做到正确认识大局、自觉服从大局、坚决维护大局。回首中国共产党的百年奋斗历程，讲大局、顾大局，从全局出发制定战略、运用策略，是我们党的优良传统和制胜之道。中央苏区时期，中央机关领导“每天节约二两米，使前方红军吃饱饭，打好胜仗”，群众传唱“苏区干部好作风，自带干粮去办公；日着草鞋干革命，夜走山路访贫农”。“千人同心，则得千人之力。”各个时期广大干部放眼全局、顾及长远的大局意识，是中国共产党凝聚力量、破解风险、取得成功的重要原因。

新时代年轻干部增强大局意识，首先要正确认识大局。这就要求年轻干部必须具有历史眼光和全球视野，在工作中全面地而不是片面地看问题。年轻干部要深刻认识我国社会主要矛盾变化带来的新特征新要求，清醒地认识到当前我们面临的国内外复杂形势，既要看到国际国内面临的机遇，更应看到国际国内面临的挑战。形势越是复杂越要增强大局意识、越要保持清醒头脑、越要保持担当的自觉。其次，自觉把工作放到大局中去开展。年轻干部要立足社会主义初级阶段基本国情，立足中国特色社会主义新时代，正确把握当前与今后一段时期党和国家事业发展的中心任务，自觉地把党和人民事业放到历史长河和世界格局中来精心谋划，自觉地站在党和国家大局上想问题、作决策，把工作放到大局中去定位、摆布、落实，不要因本位主义、局部利益，损害全局和整体利益。

（三）狠抓落实必须发扬钉钉子精神

空谈误国，实干兴邦，这是中国共产党百年来治国理政的重要结论。关于如何狠抓落实，习近平总书记很深刻地指出：“我们要有钉钉子的精神，钉钉子往往不是一锤子就能钉好的，而是要一锤一锤接着敲，直到把钉子钉实钉牢，钉牢一颗再钉下一颗，不断钉下去，必然大有成效。”① 毛泽东曾要求共产党员一定要有“认真实干”的精神，强调“一件事不做则已，做则必做到底，做到最后胜利”。如何认真实干？杨善洲以实际行动给我们作出了很好的回答，他凭的是“务实”。杨善洲扎根施甸县大亮山兴办林场，一干便是20个春秋，带领大家植树造林，把昔日的荒山秃岭变成了生机勃勃的绿色天地。在他身上很好地诠释了钉钉子精神的深刻内涵。“干事业就要有钉钉子精神，抓铁有痕、踏石留印，稳扎稳打向前走，过了一山再登一峰，跨过一沟再越一壑，不断通过化解难题开创工作新局面。”

新时代年轻干部必须要大力发扬钉钉子精神，让党的各项任务落到实处。首先，要找准钉钉子的方向。如果方向错误，再多的努力也是徒劳。找准方向需要进行调查研究，深入基层一线加强调研。年轻干部要善于抓主要矛盾和矛盾的主要方面，把关系到稳增长、促改革、调结构、惠民生、防风险、保稳定的重大任务、急需解决的难题梳理清楚，在有效应对重大挑战、抵御重大风险、克服重大阻力、解决重大矛盾中冲锋在前、建功立业。其次，要做到持之以恒。方向找准后，需要的是持之以恒为之努力，坚持一张蓝图绘到底，一任接着一任干，真正做到对历史和人民负责。在工作中，年轻干部要有“咬定青山不放松”的韧劲、不达目的不罢休的狠劲，以钉钉子精神抓工作落实，把各项工作落到实处、抓出实效。

①《习近平谈治国理政》(第一卷)，中央文献出版社2014年版，第400页。

延伸阅读

守初心　担使命
——辛勤奉献的张桂梅

走进丽江华坪女子高级中学（以下简称“华坪女高”），操场边上“共产党人顶天立地代代相传”几个大字格外醒目，旁边就是入党誓词，这是华坪女高每周一举行思政教育仪式的地方。

提到华坪女高，就不得不提华坪女高党支部书记、校长张桂梅。1996年，张桂梅从大理白族自治州大理市喜洲镇调动到丽江市华坪县任教。从此，她便扎根于华坪县，几十年如一日在基层教育战线上辛勤奉献，将爱心播撒在金沙江畔。

“如果说，我有追求，那就是我的事业，如果说我有期盼，那就是我的学生。”23年来，张桂梅为130多名山区孤残儿童建起充满温情的“爱心之家”；帮助1527个山区贫困家庭的学子搭建起通过学习知识改变命运的人生舞台；将自己获得的70多万元奖金全部捐献给贫困山区教育事业；跋涉10万多公里对1527户贫困家庭进行深入走访。

坚守教育扶贫初心　创办女高让贫困山区女孩走出大山

“让每一名来自大山的女孩能够上学。”23年来，张桂梅不忘初心，践行着自己的誓言。华坪女高于2008年9月正式开办，当年招收了100名学生。建校初期，学校条件极其艰苦，没有食堂、围墙，把教室当宿舍。“当时学校没有厕所，晚上老师们都要护送学生到隔壁学校上厕所。”第一批进校的老师陈建华说。面对这样艰苦的环境，第一批进校的17名教职员工中有9名相继辞职离开，6名学生也提出转学。

红色文化育人　培养合格社会主义接班人

在困境中，张桂梅将6名党员教师集中起来，重温入党誓词，诵读红色经典。随后，她将学校办学宗旨改成“继承革命传统、发扬延安精神、传承中华民族优秀文化，做社会主义合格的接班人”，并开创了“党员一律佩戴党徽上班、每周重温一次入党誓词、每周唱一支革命经典歌曲、每周一次理论学习、每周观看一部具有教育意义的影片并写观后感交流”的“五个一”党性常规活动。

华坪女高还将红色教育、信仰教育融入日常。张桂梅表示，老师和学生都需要一种仪式感，把革命精神、红色文化印在脑子里。坚持家访为学生解后顾之忧。家访是张桂梅的工作常态，她用无私的母爱关心着学校的每一个孩子。最近，她重点关注了高二学生陈明思的思想状态。一年前，陈明思因家中变故无心学习。

张桂梅了解情况后，及时到陈明思家家访，劝解她的父母，并协调当地政府多次到家里做思想工作。此外，张桂梅还了解到陈明思的父亲患了糖尿病后，提出承担陈明思以后学校里的生活费。了解学生家庭的情况，帮助解决实际困难，为学生解决后顾之忧……每一次家访，张桂梅都倾注着对学生的爱和帮助山区贫困女孩的初心。截至目前，她已到贫困山区家访1500余次。

张桂梅是一名教师，更是一名共产党员。她不仅帮助学生家庭解决困难、改善贫困家庭基础设施，更是将党和政府的温暖送到贫困家庭里，点燃了大山深处贫困群众教育脱贫的希望。

——和红艳、李宁：《张桂梅：以赤子之心圆山区女孩上学梦》，新华网2019年8月16日

第四章

坚持原则 敢于斗争

经典语录

社会是在矛盾运动中前进的，有矛盾就会有斗争。领导干部不论在哪个岗位、担任什么职务，都要勇于担当、攻坚克难，既当指挥员、又当战斗员，培养和保持顽强的斗争精神、坚韧的斗争意志、高超的斗争本领。我们在工作中遇到的斗争是多方面的，改革发展稳定、内政外交国防、治党治国治军都需要发扬斗争精神、提高斗争本领。

——2019年9月3日，习近平在中央党校（国家行政学院）中青年干部培训班开班式上的讲话坚持原则是中国共产党人的优良品格，是衡量一名党员干部是否称职的重要标准。原则是用来坚持的，不存在任何讨价还价的余地。中国共产党人讲原则和讲斗争是紧密联系在一起的。敢于斗争同样是中国共产党人一以贯之的光荣传统和优良作风。中国共产党诞生于国家沉沦、民族危难之际，敢于斗争的烙印自诞生之日起就深深铭刻于党的政治基因中。广大干部特别是年轻干部恰逢世界百年未有之大变局，恰逢最接近实现中华民族伟大复兴的新时代，必须要充分认识坚持原则、敢于斗争的重要意义，同时还要准确把握坚持原则、敢于斗争的逻辑内涵。坚持原则、敢于斗争，要求广大干部特别是年轻干部在任何时候都要秉公办事、铁面无私，讲原则不讲面子、讲党性不徇私情，任何时候都要不畏强权、不图私利，在工作中切实做到敢于亮剑、坚定意志、探究方法、传承传统，努力成为新时代讲原则、敢斗争的忠实实践者与传承者。

第一节
充分认识坚持原则、敢于斗争的重要意义

当前，国情与世情快速变化，我们党面临的风险挑战明显增多，在这种情况下，贪图享乐、追求安逸的麻痹思想是要不得的。广大干部特别是年轻干部要深刻认识到，中华民族伟大复兴绝不是轻轻松松、敲锣打鼓就能实现的。在前进道路上，我们面临的风险考验只会越来越复杂，甚至会遇到难以想象的惊涛骇浪。并且，我们面临的各种斗争不是短期的而是长期的，不是某一方面的而是来自多个方面的。党的二十大报告要求，全党同志务必敢于斗争、善于斗争。年轻干部要充分认识坚持原则、敢于斗争的重要意义，坚定斗争意志、发扬斗争精神、增强斗争本领。特别是在涉及国家主权、安全、发展利益等问题时容不得半点含糊，要丢掉所有的幻想，该斗争的坚决斗争、该争取的必须争取。原则问题是用来坚守的，不仅仅在行为上要“寸土必争”，在精神上更是要“坚若磐石”。

一、讲原则、敢斗争是锤炼党性修养的迫切需要

坚持原则与敢于斗争都是中国共产党人一以贯之、代代相传的优良品格。党员干部如果做不到坚持原则、敢于斗争，就会成为“软骨头”，自身党性修养就会弱化，就难以完成党和人民赋予的历史使命。胜利的时候常念居安思危是不容易的，从战争年代走向和平年代依旧保持良好朴素作风是不容易的，从面对反动势力的血雨腥风到执掌政权之后不忘初心、始终如一是不容易的。坚持原则、敢于斗争对于年轻干部加强党性修养而言，是一个需要终生修炼的重大课题，也是事关党的自身建设、党的先进性和

纯洁性、党的执政能力和领导水平的重大问题。党性修养，是指党员个人在加入党组织后，按照党章要求，在改造客观世界和主观世界的互动中，不断深化对党的性质和党性要求的理解，把党性要求内化于心、外化于行，并不断加以锤炼、提升的过程。年轻干部如果做不到坚持原则、敢于斗争，即使解决了组织上入党的问题，也无法解决思想上入党的问题，更谈不上为党和人民的事业奋斗终身。

当前，我们党面临的执政考验、改革开放考验、市场经济考验和外部环境考验依然复杂严峻，这也是对广大年轻干部党性修养的重大考验。然而，当前有些年轻干部不同程度地存在着精神懈怠、能力不足、脱离群众和消极腐败等各种问题，这是当前增强干部党性修养亟待解决的紧迫问题。没有党员干部个体的先进性就没有整个党组织的先进性。正如习近平总书记指出："世界上一些马克思主义政党因具有先进性而取得政权、又因丧失先进性而丢掉了政权，进一步证明马克思主义政党赢得先进性不容易，在复杂的国内外环境中和长期执政的条件下保持和发展先进性更不容易。世界上从来没有哪一个政党的先进性是一蹴而就的，也从来没有哪一个政党的先进性是靠吃老本就能够长期保持的。"[①] 世界上一些执政多年的大党、老党丧失了执政地位，特别是一些马克思主义执政党最终亡党亡国的惨痛教训表明：一个政党的执政地位不是与生俱来的，也不是一劳永逸的，拥有过去不等于拥有现在，拥有现在不等于拥有将来；一个政党的先进性不是天然的，也不是固定不变的，过去先进不等于现在先进，现在先进不等于永远先进。当然，造成这种惨痛局面的原因是多方面的，其中一个重要原因就是这些大党、老党长期把持执政地位，久而久之便失去

① 习近平：《改革开放30年党的建设回顾与思考》，《学习时报》2008年9月8日。

了坚持原则、敢于斗争的优良品质，人心浮躁、作风漂浮、贪图享乐，最终走向灭亡的境地。

加强修养、提升境界，不是一蹴而就的。个别年轻干部认为讲不讲党性无所谓，只要平安无事就天下大吉了。习近平总书记指出："总想过太平日子、不想斗争是不切实际的。"年轻干部手中拥有一定权力，如果不能正确对待手中的权力，不能理性面对各种利益，思想稍有放松和懈怠，就可能在人情世故的纠缠中、在形形色色的诱惑和糖衣炮弹的进攻中，丧失原则，沾上污垢，滑向腐败的泥潭。一个年轻干部如果模糊了自己的原则性，也就必然会失去斗争性，而失去了斗争性的共产党员最终会沦为一个表面上的"好好先生"。年轻干部要努力在理论和实践层面都保持先进性，这是新时代中国特色社会主义事业对广大年轻干部提出的现实要求，也是我们党对广大年轻干部寄予的殷切嘱托。年轻干部如果缺乏原则意识和斗争观念，就无法与贪污腐化作斗争，就无法与歪风邪气作斗争，自然也就无法保持自身的先进性与纯洁性。历史一再证明，党员干部尤其是年轻干部什么时候能做到坚持原则、敢于斗争，什么时候党性修养就会得到大幅提升；什么时候失去了原则、失去了斗争精神，什么时候党性修养就会消极退化，甚至会走向堕落的危险境地。这不仅会给自己的人生带来悲剧，也会给党的事业造成不可挽回的损失。

二、讲原则、敢斗争是应对百年变局的必然要求

当今世界正经历百年未有之大变局，形势环境变化之快给我们党治国理政带来了巨大考验。世界上唯一不变的便是变化本身。我们党面对如此复杂艰巨的任务和变化莫测的形势，非斗争化的手段是难以完成任务的。习近平总书记指出："共产党人讲党性、讲原则，就要讲斗争。"应对世界

百年未有之大变局，应对世界多极化新特点迫切要求广大干部特别是年轻干部坚持原则、敢于斗争。从历史发展规律来看，多极化、和平共处是当今世界大势所趋，然而当前单边主义与霸凌主义四处横行，无底线侵害他国利益的情况依旧存在。这不仅是我们党和国家需要面对的问题，也是每一名干部必须面对的问题。习近平总书记提出的人类命运共同体思想是全球治理的中国方案，这个方案一方面顺应了当今世界历史发展潮流与全球多数国家的利益诉求，包含着支持世界多极化、经济全球化、文化多样化的中国智慧；另一方面，这个方案也是全体中国共产党人集体智慧的结晶，需要广大干部共同努力才能实现。我们党所主张的坚持原则、敢于斗争，不是单纯的固执与刻板、敌对与碰撞，而是一种基于原则基础之上的“有理有利有节”。广大年轻干部要深刻领会人类命运共同体思想的内涵要义和精神要求，团结世界上一切可以团结的力量，共同反对单边主义与霸凌主义。

应对经济全球化新趋势，迫切要求广大干部特别是年轻干部坚持原则、敢于斗争。经济全球化是第二次世界大战以来世界经济最突出的发展特征，是当今世界经济发展的大趋势。“你中有我、我中有你”的全球化实现了双赢与多赢，促进了世界和平与共同发展。立足国际形势来看，当前反对全球化的主要力量不是来源于发展中国家，而是来源于最早提倡与主导全球化的部分西方发达国家。提出全球化的开局者反而“逆转”为阻碍全球化的主导力量，这是令人大跌眼镜的。“逆全球化”是一种与全球化进程背道而驰的退化。当前，“逆全球化”已经上升为某些西方大国执政党的政治主张，例如英国脱欧、美国“退群”等事件都是一种“逆全球化”的典型表现。面对“逆全球化”对全球化的挑战以及对我国经济社会发展带来的巨大风险，广大干部特别是年轻干部在思想上与实际工作中都必须坚持原则、敢于斗争，必须坚持自由贸易原则，高举自由贸易旗帜，推进全球化健康发展。要深刻认识当前党和国家提出的一系列推进全球化互利共赢政策的重大意义，如影响巨大的出口盛会广交会、进口盛会进博会等，都是我国面对“逆全球化”问题坚持原则、敢于斗争的有力行动表现。

应对复杂国际安全挑战，迫切要求广大干部特别是年轻干部坚持原则、敢于斗争。当前，地区冲突与恐怖活动仍未得到妥善解决，新的威胁国际安全的危险正在逐步显现。面对这种情况，世界各国需要加强合作，对核扩散和恐怖主义说“不”。然而，当前某些国家为了自己的私利，一边宣称要坚决防止核扩散，另一边却暗自纵容核扩散，或者只反对危害本国安全的恐怖主义，却肆意纵容恐怖组织去威胁别国安全、破坏局部政治稳定，这是一种典型的“双标行为”。可见，世界政治形势依然严峻，国与国间对立风险仍然存在，如果我们党不坚持正确的原则，不敢斗争，就很难获得持久的公正与和平。面对复杂的国际安全问题和潜在风险，广大干部特别是年轻干部不仅要敢于坚持正确的原则，而且要敢于和一切危害国家安全的敌对行为作斗争。2014 年 4 月 15 日，习近平总书记在中央国家安全委员会第一次会议上，首次提出总体国家安全观，提出了构建集政治安全、国土安全、军事安全、经济安全、文化安全、社会安全、科技安全、信息安全、生态安全、资源安全、核安全等于一体的国家安全体系。这一重要论述也成为新时代广大干部科学应对国际安全问题、坚决维护国家总体安全的行动指南。以完全的“和平”方式应对“百年未有之大变局”是不切实际的，正如习近平总书记指出：“要丢掉幻想、勇于斗争，在原则问题上寸步不让、寸土不让，以前所未有的意志品质维护国家主权、安全、发展利益。”①

①《习近平在中央党校（国家行政学院）中青年干部培训班开班式上发表重要讲话强调　信念坚定对党忠诚实事求是担当作为　努力成为可堪大用能担重任的栋梁之才　王沪宁出席》，新华社北京 2021 年 9 月 1 日电。

三、讲原则、敢斗争是实现民族复兴的重要保证

实现中华民族伟大复兴的中国梦，要求广大干部特别是年轻干部坚持原则、敢于斗争。当前，我们党面临的风险挑战明显增多，政治、经济、文化、社会各个方面都存在较大发展压力。实现中华民族伟大复兴是我们的奋斗目标，实现这一目标需要广大干部坚持原则、敢于斗争，对于任何影响这一目标实现的因素必须坚决斗争。实现伟大梦想，离不开伟大斗争。矛盾普遍存在于社会发展之中，解决矛盾问题离不开斗争手段。正如习近平总书记指出："我们党要团结带领人民有效应对重大挑战、抵御重大风险、克服重大阻力、解决重大矛盾，必须进行具有许多新的历史特点的伟大斗争，任何贪图享受、消极懈怠、回避矛盾的思想和行为都是错误的。"①

中华民族是一个伟大的民族，在历史发展的长河中创造了灿烂辉煌的中华文明，为人类文明进步作出了巨大贡献。1921 年中国共产党一经成立，就义无反顾地肩负起实现中华民族伟大复兴的历史使命，如今我们比历史上任何时期都更接近、更有信心和能力实现中华民族伟大复兴的目标。回望过去，我们既有成就，也有挫折，不管顺境还是逆境，不论成就还是挫折，我们都坚强地走了过来。毫无疑问，今天我们党正处于一个重要的历史关口，正站在一个新的历史起点上，时局和形势复杂性要求广大干部必须坚持原则、敢于斗争。实现中华民族伟大复兴的目标离不开"讲原则、敢斗争"，这是中华民族在漫长的历史发展中积累的一条宝贵经验。我们必须牢牢坚持和接续传承这一光荣传统，敢于同复兴道路上的一切艰难险阻

---

①习近平：《决胜全面建成小康社会　夺取新时代中国特色社会主义伟大胜利——在中国共产党第十九次全国代表大会上的报告》，新华社北京 2017 年 10 月 27 日电。

作斗争。伟大的历史使命要求广大干部特别是年轻干部勠力同心、锐意进取、埋头苦干，为实现“国家富强、民族振兴、人民幸福”的中国梦贡献个人的力量。需要强调的是坚持原则与敢于斗争不仅是一种行为要求，更是一种精神状态，既是在面对矛盾、危机、风险、挑战等不利因素时的坚决行动，更是一种不畏艰难、锐意进取的坚定信念和意志。

行百里者半九十。实现中华民族伟大复兴，广大年轻干部必须准备付出更为艰巨、更为艰苦的努力。坚持原则、敢于斗争体现了实现路径与前进动力的高度统一，使广大年轻干部对肩负的历史使命有了一个更为深入的认知。有梦想就会有艰难险阻，就无法离开斗争的助力。有矛盾就会有处理矛盾的原则，就需要解决矛盾的斗争。为了实现中华民族伟大复兴，广大年轻干部要对重大挑战、重大风险、重大阻力、重大矛盾这一系列问题进行有效应对，就必须讲原则，就必须敢斗争。面对任何“贪图享受”“消极懈怠”“回避矛盾”的错误行为，都要旗帜鲜明讲原则、敢斗争，并且坚决取得斗争胜利。这样才能更加自觉地坚持党的领导和中国特色社会主义制度，更彻底地铲除一切削弱、歪曲、否定党的领导和中国特色社会主义制度的言行；才能更加自觉地维护人民利益，打击一切损害人民利益、脱离群众的行为。实现中华民族伟大复兴，需要年轻干部更加自觉地投身于民族复兴的时代潮流，需要年轻干部勇敢面对顽瘴痼疾。年轻干部只要能充分认识斗争的长期性、复杂性、艰巨性，坚持原则、敢于斗争，并且不断提高自身本领，就能在实现中华民族伟大复兴的斗争中实现人生价值，就能在伟大事业中真正做到“功成不必在我、功成必定有我”。中国人民在中国共产党的领导下，已经大踏步地赶上时代潮流，谱写了中华民族发展史上的壮丽篇章。实现中华民族伟大复兴是一项光荣而艰巨的事业，需要一代又一代共产党人共同为之努力。年轻干部要乘着新时代的浩荡东风，加满油、把稳舵、鼓足劲，在承载着14亿多中国人民伟大梦想的中华巨轮上劈波斩浪、扬帆远航，争当新时代勇敢的水手和战士。

延伸阅读

井冈山时期的艰苦斗争

井冈山斗争时期，国民党军队不仅三番五次地对根据地在军事上“进剿”“会剿”，而且在经济上实行封锁围困，在艰苦卓绝的环境下，井冈山军民始终保持旺盛的革命斗志，不断“在斗争中创造新局面”。在军事斗争中，党领导井冈山军民先后粉碎了国民党军队的四次“进剿”和两次“会剿”，先后取得了新城战斗、五斗江战斗、龙源口大捷、永新困敌、黄洋界保卫战等著名战斗的胜利，发展和保卫了革命根据地。为了破解根据地的经济困境，安定群众的生产生活，巩固红色政权，边界党组织领导根据地军民进行了一系列有效的反经济封锁斗争。先后办起了军械修理厂、红军被服厂等军需军工企业；组织井冈山军民参加农业生产自救，开展劳力和农具、耕牛互助活动；开辟了大陇红色圩场，改造、繁荣草林红色圩场，沟通红白区的经济贸易，制定多项正确的工商业政策；创办红军造币厂，铸造、发行“工”字银元，调剂根据地内外的货币流通，稳定红区金融市场；办起了茅坪后方医院、小井红光医院。此外，还开展了群众性熬硝盐运动，组织红军将士挑粮上山，毛泽东、朱德亲自带头背粮、挑粮。边界党组织和政府由于采取了上述得力措施，根据地经济状况全面好转，摆脱了困境，渡过了难关。需要指出的是，为了加强党的建设和巩固、维护党的领导，毛泽东和朱德等人排除众多干扰，同党内一些“左”倾错误思想进行了坚决而有理有节的斗争。从三湾改编将支部建在连上，确立党指挥枪的原则，到红四军党的“七大”纷争和古田会议严肃批判红四军党内的非无产阶级思想，最终确立无产阶级的建党路线和建军纲领，从这些错综复杂党内斗争的经历可以感受到以毛泽东为代表的中国共产党人勇于坚持真理、善于和敢于斗争的革命气概。

——刘宇详：《井冈山革命斗争时期共产党人的初心和使命》，《党史博采》2020年第5期

第二节
准确把握坚持原则、敢于斗争的逻辑内涵

新时代广大年轻干部要做到坚持原则、敢于斗争，首先要准确把握坚持原则、敢于斗争的逻辑内涵。原则是我们分析处理问题时所要遵守的准则。对问题的看法和处理，往往会受到立场、观点、方法的影响。原则是从自然界和人类历史中抽象出来的一种规律性存在，只有正确反映事物的客观规律的原则才是正确的。斗争指相争、相战而求胜。斗争性贯穿于事物发展的始终，并使过程发生转化，因而斗争性是无条件的、绝对的。习近平总书记指出：“共产党人的斗争是有方向、有立场、有原则的。”当然，不是所有原则都是正确的，坚定人民立场方能坚持正确的原则，坚持正确的原则方能把准正确的斗争方向，把准正确的斗争方向方能完成艰巨任务。

一、坚定立场方能坚持正确原则

立场指认识和处理问题时所处的地位和所抱的态度。不同的立场使原则有了正确和错误之分。有什么样的政治立场就会产生什么样的原则，即

行为准则。共产党人坚持原则的正确性来源于坚持以人民为中心的根本立场。人民立场是中国共产党的根本政治立场。共产党人的斗争同样是有立场的。正如习近平总书记指出："我们讲的斗争，不是为了斗争而斗争，也不是为了一己私利而斗争，而是为了实现人民对美好生活的向往、实现中华民族伟大复兴知重负重、苦干实干、攻坚克难。衡量党员、干部有没有斗争精神、是不是敢于担当，就要看面对大是大非敢不敢亮剑、面对矛盾敢不敢迎难而上、面对危机敢不敢挺身而出、面对失误敢不敢承担责任、面对歪风邪气敢不敢坚决斗争。"①

中国共产党人能始终坚持正确的原则，根本原因在于我们党与其他政党有着本质上的区别。共产党人没有自己特殊的利益，在任何时候都把人民利益放在第一位。这是我们党作为马克思主义政党区别于其他政党的显著标志。以人民为中心的政治立场，使共产党人讲的原则不同于任何其他政治团体，具体表现为政治方向原则、服从大局原则、实事求是原则、组织纪律原则等，这是共产党人观察问题处理矛盾时必须遵守的准则。所谓政治方向原则就是始终坚定不移与党中央在思想上政治上行动上保持高度一致；所谓服从大局原则就是认识大局，把握大局，心系大局，顾全大局，以实际行动服务大局、推动大局；所谓实事求是原则就是一切从实际出发，坚持按客观规律办事，讲真话，办实事，求实效；所谓组织纪律原则就是自觉接受党组织的教育管理，自觉遵守党的纪律。行为失去原则指导就会成为盲目的行为，思想失去原则指引就会成为混乱的思想。共产党人讲原则讲的是共产党的原则，而不是其他什么原则。

中国共产党是马克思主义政党，讲原则就是要完成马克思主义的根本

① 习近平：《在"不忘初心、牢记使命"主题教育总结大会上的讲话》，《求是》2020年第13期。

历史使命，要改变无产阶级和广大人民群众被奴役和被压迫的境况，进而实现全人类解放。马克思主义一以贯之的基本价值追求，就是让每一个社会人都成为自由全面发展的人。1894 年 1 月 3 日，意大利卡内帕给恩格斯写信，希望恩格斯为即将在日内瓦出版的《新纪元》周刊的创刊号题词，而且要求尽量用简短的字句来表述未来的社会主义纪元的基本思想，以区别于伟大诗人但丁对旧纪元所作的“一些人统治，另一些人受苦难”的界定。恩格斯回答说，除了从马克思和他合著的《共产党宣言》中摘出下面的一段话外，再也找不出合适的了，这就是：“代替那存在着阶级和阶级对立的资产阶级旧社会的，将是这样一个联合体，在那里，每个人的自由发展是一切人的自由发展的条件。”①这也是马克思主义的最高理想、价值追求和逻辑起点。共产党人作为马克思主义的信仰者，坚持人民立场，坚持讲原则就是要坚守实现全人类解放这一根本价值追求，为绝大多数人谋福利。

习近平总书记继承发展了马克思主义的人民立场。广大干部讲原则要始终以人民利益作为判断的根本价值标准，始终站在人民的立场上进行战略谋划和决策部署，努力让人民群众过上更好的日子。正确原则不是空洞抽象的，而是来自中国共产党人对人民群众的无私付出。人民是我们党执政的最大底气。年轻干部要始终把人民放在心中最高位置，努力做到一个“无我”的状态，为党和国家事业奉献自身力量。也正是基于坚定的人民立场，我们党面对新的历史特点下的严峻形势和挑战，才能提出正确反映斗争客观规律的正确原则，这就是：凡是危害中国共产党领导和我国社会主义制度的各种风险挑战，凡是危害我国主权、安全、发展利益的各种风险

①《马克思恩格斯文集》（第 10 卷），人民出版社 2009 年版，第 666 页。

挑战，凡是危害我国核心利益和重大原则的各种风险挑战，凡是危害我国人民根本利益的各种风险挑战，凡是危害我国实现“两个一百年”奋斗目标、阻碍实现中华民族伟大复兴的各种风险挑战，只要出现，我们就必须予以坚决斗争，而且必须取得斗争最终胜利。

二、坚持原则方能把准斗争方向

坚持正确原则，方能把准正确的斗争方向。社会处处有矛盾、时时有矛盾，有矛盾就会有斗争。对于新时代年轻干部而言，面对各种风险挑战，必须敢于斗争而且必须取得最终胜利。斗争要想胜利，首先就要把准斗争方向。坚定共产党人的原则是确立共产党人正确斗争方向的前提。习近平总书记指出：“在原则问题上绝不能含糊、绝不能退让，否则就是对党和人民不负责任，甚至是犯罪。”[①]坚持“对党和人民负责”的原则就能把准斗争的方向。方向问题，是根本性问题，是第一颗扣子的问题，绝不能有丝毫动摇。只有斗争方向正确而坚定，才能避免在日益复杂的斗争中迷失自我。这就要求广大年轻干部不仅要敢于斗争，还要时刻保持头脑清醒，要牢牢把握正确斗争方向，面对各种复杂局面始终做到立场不乱、方向不乱。中国共产党人坚持正确的斗争方向就是始终坚持党的领导和中国特色社会主义制度不动摇。

首先，坚持中国共产党领导毫不动摇。党政军民学，东西南北中，党是领导一切的。没有共产党就没有新中国，没有共产党就没有未来的民族复兴。中国共产党领导是中国特色社会主义最本质的特征，是中国特色社

---

①《习近平在中央党校（国家行政学院）中青年干部培训班开班式上发表重要讲话强调　信念坚定对党忠诚实事求是担当作为　努力成为可堪大用能担重任的栋梁之才　王沪宁出席》，新华社北京2021年9月1日电。

会主义制度的最大优势。有了党的领导，才改变了中华民族百年沉沦后一盘散沙的状态。正是因为始终坚持党的集中统一领导，我们才能有力应变局、平风波、战洪水、防非典、抗地震、化危机、赢新冠。坚持中国共产党领导就要维护好领导核心。任何一个领导集体都要有一个核心，没有核心的领导是靠不住的。没有核心的领导集体就难以形成合力，关键时刻可能还会迷失方向。党中央有权威，党就有力量。无数事实证明，削弱、否定党的领导，国家就会陷入灾难，人民就会步入苦难。坚持党的领导是方向性问题，绝不能羞羞答答、语焉不详，绝不能遮遮掩掩。坚持党的领导，最根本的是坚持党中央权威和集中统一领导。有什么样的方向就会有什么样的结果。党中央是大脑和中枢，党中央必须有定于一尊、一锤定音的权威，这样才能“如身使臂，如臂使指，叱咤变化，无有留难，则天下之势一矣”。

其次，坚持中国特色社会主义制度毫不动摇。制度优势是一个国家的最大优势，制度竞争是国家间最根本的竞争。中国实行社会主义制度，是历史的选择、人民的选择。坚定不移坚持中国特色社会主义制度，是关乎党、国家和人民前途命运的重大问题，必须从正确立场出发和一切反社会主义制度的行为作斗争。习近平总书记指出：“全党要更加自觉地坚持党的领导和我国社会主义制度，坚决反对一切削弱、歪曲、否定党的领导和我国社会主义制度的言行。”① 坚持中国特色社会主义制度，坚持的是科学社会主义原则。科学社会主义基本原则不能丢，丢了就不是社会主义。但是，社会主义社会不是一成不变的，和任何其他社会制度一样，是处于不断的变化、发展之中的。坚持科学社会主义基本原则，而不僵化地

①《党的十九大报告辅导读本》，人民出版社 2017 年版，第 15—16 页。

看待社会主义社会，才是科学辩证地坚持中国特色社会主义制度。中国特色社会主义制度是当代中国发展进步的根本制度保障，是具有鲜明中国特色、明显优势的制度。广大年轻干部必须牢记：道路决定命运，找到一条中国特色社会主义正确道路是艰辛而坎坷的，始终坚持和发展这条道路同样不容易。

三、把准方向方能完成艰巨任务

把准斗争方向方能看清斗争任务之艰巨，进而更好地完成斗争任务。当前，矛盾风险挑战越来越艰巨，也越来越复杂。我们所面临的斗争任务之重前所未有。斗争的目标在于胜利。敢于斗争是勇气之战，更是理性之战，需要准确研判世情、国情、党情的深刻变化。只有敢于直面艰巨斗争任务，才能全面推进党和国家的各项事业。

首先，立足于世情，在防范化解外部风险中取得胜利。长期以来，各种敌对势力对我国实施西化、分化的战略意图从未停止过，因此一定要把“思想笼子”扎紧。当前，个别干部对这个问题认识不够深刻，有的人公然提出西方“普世价值”为什么不能认同？西方一些政治话语为什么不能借用？这样不知不觉间就成了西方资本主义意识形态的吹鼓手。如果忘记了斗争的方向，后果非常可怕。比如在西方价值观念冲击和影响下，有些国家被折腾得政局动荡、四分五裂、战火纷飞。对于我们党、国家而言，没有任何妥协、退让的余地，必须高度警惕外部环境带来的各种风险挑战。“软骨头”解决不了任何问题，要丢掉“幻想”，勇于斗争。习近平总书记指出：“别人乱说我们一通，如果我们不及时加以澄清和纠正，就会以讹传讹，反倒让世人觉得我们输了理似的……我们不能默不作声，要及时反驳，让正确声音盖过它们。这与韬光养晦或不争论是两码事。”①

其次，立足于国情，取得将改革进行到底的胜利。在庆祝中国共产党成立100周年大会上，习近平总书记代表中国共产党和中国人民向世界庄严宣告，改革开放是决定当代中国前途命运的关键一招，中国大踏步赶上了时代！但是，当前改革过程中利益固化的壁垒依旧没有被完全打破。“惟改革者进，惟创新者强，惟改革创新者胜。”党的十八大以来，习近平总书记带领全国人民吹响了新一轮改革的进军号，按下了全面深化改革的快捷键，改革呈现全面发力、多点突破、蹄疾步稳、纵深推进的局面。与此同时，我们也要深刻地认识到，改革的担子越来越重，必须彻底破除利益固化的藩篱。经过40多年的改革，目前剩下的都是难啃的“硬骨头”。如果不能坚持原则，不敢斗争，就无法打破固化障碍。既得利益是横亘在改革前进道路上的巨大壁垒，不战胜它，就无法打破既有利益格局，难以跨过改革的“阵痛期”。越是在这个时候，广大干部特别是年轻干部越要“不信邪、不怕鬼”，以壮士断腕的勇气、凤凰涅槃的决心，敢于向顽瘴痼疾开刀，敢于对深层次利益关系和矛盾进行斗争，把改革进行到底。具体来说，就是要树立以人民为中心的发展思想，不断完善机制设计，反对特权现象，兼顾各方、求同存异、化解矛盾，在敢于斗争中寻求各方利益的最大“公约数”，将改革胜利进行到底。

最后，立足于党情，在推进全面从严治党中取得胜利。全面从严治党永远在路上，敢于斗争就永远在路上，绝不能让面子伤害原则，更不能让私情伤害党性。反腐败斗争压倒性胜利还不是彻底性胜利，全党必须不松劲、不停步。习近平总书记指出：“如果我们党不能自己解决自身的矛盾和问题，长

① 习近平：《在党的十八届四中全会第二次全体会议上的讲话》，2014年10月23日。

期积累下去，那就要发生我说过的霸王别姬的问题了，那就不是一般的被动，而是为时已晚了。”[①]在发展社会主义市场经济的过程中，商品交换原则会渗透到党内生活中来。社会上各种各样的诱惑缠绕着广大干部，如果不能加以抵制，久而久之“温水煮青蛙”现象就会层出不穷。作风建设是攻坚战，也是持久战。一些不良作风像割韭菜一样，割了一茬长一茬。症结就在于我们对作风问题的顽固性和反复性估计不足，缺乏长抓的韧劲、严抓的耐心，缺乏管长远、固根本的制度，缺乏敢于斗争精神。例如，当前干部监督工作中存在一种现象，一部分党组织习惯于把防线只设置在反对腐败上，认为干部只要没有腐败问题，其他问题就都可以忽略不计，没有必要加以追究，也不愿意加以追究。有的干部也认为，自己没有腐败问题就行了，其他问题都不值一提，没有什么可怕的。这一类现象是典型的“求稳求全”心理，如果不敢和此类现象进行坚决斗争，就无法取得全面从严治党的彻底胜利。

延伸阅读

周恩来坚持原则、廉洁自律

1973 年 10 月，正是秋高气爽的季节，周恩来觉得自己的身体还不错，于是又陪同加拿大总理特鲁多一行前往河南洛阳访问。

看了宾阳洞，来到禹王台。这里正在出售龙门碑刻拓片，周恩来好奇地问：“这是什么？”当他知道这是魏碑拓片时，就拿起一套散发着墨香的拓片反复地看，有些爱不释手。他问：“多少钱一套？”

① 习近平：《做焦裕禄式的县委书记》，中央文献出版社 2015 年版，第 63 页。

“500块。”

周恩来扭头问身旁的秘书带了多少钱？秘书面露难色，轻声说带得不多。周恩来又问了几个同志，都说带得不够。大家凑了一下，也没有凑够。于是秘书向周恩来建议：“是否到北京汇钱来，请他们寄一份……”

周恩来赶紧摆手制止秘书别再往下说。“不行，那样做，他们就不收钱了。”

周恩来的举动让旁边的市委领导看见了，他的脸上有些挂不住了，心想总理喜欢我们石窟的拓片，这可是我们洛阳的骄傲，偌大的一个古都给总理送一套拓片都送不起，也太寒碜了吧？于是他向总理提出：我们送一套！

“嗯——”周恩来马上警觉地望着这位领导，口气非常严肃：“怎么能这样呢？”

市委领导不好再提“送”了，因为这是周恩来最忌讳的“礼节”之一，也是他铁的纪律，更是他的原则。

周恩来反复看了半天拓片，最终还是因为没有凑足500元而依依不舍地离去。

大家心里酸酸的，却无能为力，身边的人都知道，周恩来绝不可能带走一样送的礼品，即使出访国外，外国元首送给他的礼品，回国后他也要统统上交外交部礼宾司，自己决不留一样礼品在身边。

——摘编自顾保孜著：《周恩来最后600天》，中国青年出版社，2015年1月，第194—200页

第三节
年轻干部坚持原则、敢于斗争的实践要求

坚持原则、敢于斗争是新时代年轻干部成为栋梁之材的必然要求。坚持原则与敢于斗争是辩证统一的。失去原则，斗争便会失去方向。失去斗争，原则便无法坚守。年轻干部在面对“好好先生”“私心”“俗气”等歪风邪气时，坚持原则、敢于斗争，秉公办事、铁面无私，不讲面子、不徇私情便是正确的选择，也是最好的选择。讲原则，就要讲斗争，更要善于斗争，年轻干部不论在哪个岗位、担任什么职务，都要始终如一地坚持原则、敢于斗争。既要当好指挥员，又要当好战斗员，将指挥员坚持原则与战斗员敢于斗争紧密结合起来，实现二者的交融统一。广大年轻干部要不断通过实践锤炼、提高个人品行，努力完成党和人民赋予的重托。

一、大是小事勇于面对，敢于亮剑永远在路上

习近平总书记指出：“大是大非面前要讲原则，小事小节中也有讲原则的问题。”年轻干部要牢记共产党人坚持原则的重要品格。对共产党人来说，“好好先生”并不是真正的好人。“好好先生”只是奉行好人主义的人。他们没有公心、没有正气，只有私心与俗气，只想维护好自己的利益，伤害的却是党的风气和事业。当前，我们党面临的各种风险挑战明显增多，要求广大年轻干部对于大是大非和小事小节都要勇于面对，讲原则、敢斗争。

（一）在“大是”面前敢于亮剑

“大是”指的是正确的立场观点。习近平总书记明确指出：“面对大是大非敢于亮剑，面对矛盾敢于迎难而上，面对危机敢于挺身而出，面对失

误敢于承担责任，面对歪风邪气敢于坚决斗争。”[①]在“大是”面前敢于亮剑，首先要明确什么是“大是”问题。“大是”问题就是关乎党和国家前途命运的问题，是关乎人民群众福祉的问题，是带有根本性的问题。比如，四项基本原则是我们的立国之本，凡是涉及动摇这一基本原则的问题，都属于“大是”问题。涉及“大是”问题就需要我们敢于亮剑、敢于斗争，广大年轻干部还要明确，“大是”问题往往不是一次性能够解决的问题。动摇“大是”问题的各种阻碍因素会以不同的形式反复出现，但其阻碍中华民族伟大复兴的目的是不会变的。所以，广大年轻干部一定要在任何情况下都保持清醒意识，面对各种损害“大是”的负面因素要敢于亮剑，以奋不顾身的斗争精神对“大是”亮剑保护。共产党人从来就是敢于斗争的战士，而不是贪图安逸“太平日子”的俗人。共产党人只有坚持原则，敢于斗争，保护好“大是”，才能留公心、去私心，留正气、去俗气。

（二）在“大非”面前敢于亮剑

“大非”指的是负面性因素，例如风险挑战、危机困难。年轻干部在现实工作与生活中经常会遇见各种各样的“大非”问题，要敢于向“大非”亮剑，坚决铲除这些负面因素。对“大非”亮剑要有“风骨、气节、胆魄”。风险、挑战、危机和困难的出现往往是无法避免的，但面对这些“大非”采取什么样的态度，直接关系到党和国家事业的兴衰成败。中国共产党成立一百年来，经历过各种各样的危机、困难和风险，正是因为有无数革命先辈们能够在“大非”面前敢于亮剑战斗，才推动我们党逐渐成长壮大、由弱到强。今天，年轻干部仍需要发扬这一党的优良传统，要继续当好在危机困难面前敢于亮剑、善于亮剑的战士。前事不忘，后事之师。中

①习近平：《努力造就一支忠诚干净担当的高素质干部队伍》，《求是》2019年第2期。

国共产党就是在迎战“大非”中，坚持原则、敢于斗争，不断成长壮大的。在“大非”面前敢于亮剑是我们党一以贯之的优良传统。否则，中国共产党就不可能从最初50多名党员发展成为今天拥有超过9500万名党员的世界第一大政党。回望我们党建党百年的发展历程不难发现，每当我们党面临生死攸关的“大非”时刻，总会有无数党员敢于亮剑、勇于斗争。走进新时代，以习近平同志为核心的党中央带领全体党员坚持讲党性、讲原则、讲斗争，不讲面子、不徇私情，才最终取得反腐败斗争压倒性胜利，建党百年之际又取得了抗击新冠肺炎疫情战役的重大胜利。当前，我们党仍然面临长期复杂的执政考验，仍然需要广大年轻干部在危机困难等“大非”面前，继续发扬斗争精神和亮剑精神。

（三）在“小事”面前敢于亮剑

矛盾是无时不在、无所不在的。坚持原则、敢于斗争，要求广大年轻干部不仅要关注“大事”，也要关注“小事”。矛盾冲突会随着发展而越来越复杂，这种复杂性就在于矛盾不只存在于“大事”上，而且存在于“小事”中，例如“面子”“私情”“私心”这样的“小事”也会影响党的事业。共产党人从不怕矛盾冲突，中国共产党就是在一次又一次矛盾冲突的斗争中成长起来的。广大年轻干部要在各种矛盾冲突面前“敢于亮剑，秉公办事，铁面无私”，要善于应对各种挑战。各种小事细节中也充满矛盾冲突，因此广大干部必须始终做好对小事讲原则、敢于亮剑的心理准备。对小事亮剑，要掌握马克思主义的矛盾方法。只要能找出主要矛盾，一切问题也就迎刃而解。比如，有的年轻干部遇到小事矛盾却不知道该如何下手，怕伤面子、怕伤和气、怕关系僵。这就需要年轻干部遇事先抓主要矛盾，要充分认识到“谁也不得罪是不可能的”，不打小算盘，从大局出发，通过解决主要矛盾带动解决其他矛盾。宁可得罪少数人，也不能得罪广大人民群众。

（四）在“小节”面前敢于亮剑

节操通常指的就是做人的标准，是表征一个人的品质的重要范畴。有“大节”就有“小节”。守“大节”易，守“小节”难，也就是遵纪守法易、不悖原则难。千里之堤，溃于蚁穴，天下大事必作于细，从“小节”开始方能增强在歪风邪气面前敢于亮剑的底气。年轻干部要想同歪风邪气这一类“小节”问题作坚决斗争，自身必须始终过硬，如果自身习惯于“感情用事”，自然也就缺乏斗争的强硬底气。一个干部如果过不了感情关，就会没有正气，只有俗气，不可能与歪风邪气作斗争。当他面临歪风邪气冲击的时候，往往就会选择明哲保身，力求不要引火烧身，“好的是自己，坏的是风气、是事业”，就一定会缺乏坚持原则、敢于斗争的勇气和魄力。因此，年轻干部要牢记，原则与面子，党性与私情，二者不可兼得，只有舍鱼而取熊掌，才能有最大的底气和意志同歪风邪气作坚决斗争，进而不被“小节”问题所累、所伤。歪风邪气等“小节”问题会损害党的健康肌体，必须同歪风邪气作坚决斗争。年轻干部面对歪风邪气要敢顶，对复杂问题要敢碰，对错误意见要敢拒。具体说来，年轻干部要做政治上的明白人，要坚决反对“好人主义”，这才是真正的好人。在原则问题上绝不能含糊，不能一团和气，该进行斗争的时候要坚决斗争。年轻干部要成为与“小节”问题作斗争的“剧中人”，绝不能做“旁观者”。

二、荆棘坎坷无法避免，坚定意志永远在路上

干部坚持原则、敢于斗争，离不开坚定的意志。当严峻形势和斗争任务摆在面前时，年轻干部首先要提醒自己坚定意志，骨头要硬，敢于“坚持”，敢于“斗争”，失去了斗争意志离危亡就不远了。百年来中国共产党人始终葆有坚定的斗争意志。走进新时代，面对实现中华民族伟大复兴中

国梦的时代使命，年轻干部要一如既往地坚定意志。

（一）在坚定理想信念中坚定意志

革命理想高于天。理想信念的力量是巨大的，对一个政党和一名党员干部都极为重要。如果把漫长人生比作大海，把年轻干部比作小舟，那么理想信念就是引航的灯塔和前进的风帆。没有理想信念的人生，就像失去了方向和动力的小船。理想信念是中国共产党人的精神支柱和政治灵魂，是共产党人精神上的“钙”。一名年轻干部如果没有理想信念，一生不可能有什么成就，更谈不上坚定意志！在新时代百年未有之大变局的历史关头，理想信念的力量在年轻干部身上体现得尤为明显，直接关乎坚定的意志能否养成，甚至直接影响到我们国家、民族的前途命运。实践告诉我们，一名年轻干部如果缺乏过硬的业务能力，一打就垮；如果缺乏理想信念，没有坚定意志，不打就垮。“砍头不要紧，只要主义真”，这就是信仰的力量，也是意志的力量。新时代广大干部特别是年轻干部在任何时候、任何情况下都要始终坚定共产主义远大理想和中国特色社会主义共同理想，把理想信念时时处处体现为行动力量，自觉做共产主义远大理想和中国特色社会主义共同理想的坚定信仰者和忠实实践者。

（二）在学习中国共产党历史中坚定意志

坚持原则、敢于斗争是百年党史中凝练出的一笔宝贵精神财富。新时代年轻干部坚持原则、敢于斗争，必须要在勤于学习中国共产党历史中坚定意志，不断从党的历史中汲取营养、智慧和力量。党的历史是最生动、最有说服力的教科书。毛泽东说：“如果不把党的历史搞清楚，不把党在历史上所走的路搞清楚，便不能把事情办得更好。”了解历史，就了解了世间大道；把握史学，才能把握住社会发展规律。年轻干部的坚定意志来源于对中国共产党历史的自信。当今世界，要说哪个政党、哪个国家、哪个民族能够自信的话，那中国共产党、中华人民共和国、中华民族是最有理由自信的。年轻干部坚定意志，在于深刻认识我们党取得的伟大成就是靠顽强奋斗获得的，而不是天上掉下来的，更不是别人恩赐施舍的，是全党全国各族人民用勤劳、智慧、勇气干出来的。年轻干部通过认真学习党的历史，就能够深入理解和领会，我们党为什么能一路走到今天成为世界上最大的马克思主义政党，从而始终保持革命者的大无畏奋斗精神，鼓起迈进新征程、奋进新时代的精气神。

（三）在不辜负伟大时代中坚定意志

党的十九大报告指出，经过长期努力，中国特色社会主义进入新时代，这是我国发展新的历史方位。如何理解“新时代”？新时代是承前启后、继往开来、在新的历史条件下继续夺取中国特色社会主义伟大胜利的时代，是决胜全面建成小康社会、进而全面建设社会主义现代化强国的时代，是全国各族人民团结奋斗、不断创造美好生活、逐步实现全体人民共同富裕的时代，是全体中华儿女勠力同心、奋力实现中华民族伟大复兴中国梦的时代，是我国日益走近世界舞台中央、不断为人类作出更大贡献的时代。新时代属于每一个人，每一个人都是新时代的见证者、开创者、建设者。广大干部尤其是年轻干部有幸生逢伟大时代，绝不能辜负这个伟大时代，必须要更加努力地为党和人民的事业不懈奋斗。新时代我们党面临的形势会更加纷繁复杂，如果中国共产党人一以贯之的优良传统没有被年轻干部所大力传承，后果是很可怕的。在工作中，一名年轻干部如果没有了坚强的意志，那么也就失去了讲原则、敢斗争的根基。新时代广大年轻干部要以坚强的意志助力坚持原则，助力敢于斗争，永葆旺盛生命力和强大战斗力。

（四）在青春奉献中坚定意志

回望历史我们看到，一个又一个年轻的中国共产党人，用自己的生命去坚定自己不悔的意志。李大钊，38 岁；彭湃，33 岁；瞿秋白，36 岁；方志敏，36 岁；刘仁堪，34 岁……这是他们从容牺牲的年龄。基辛格在《论中国》中说：“中国人总是被他们之中最勇敢的人保护得很好。”实践证明，共产党人坚定意志的信念力量是异常强大的。毛泽东在《井冈山的斗争》中描述了这种力量：“同样一个兵，昨天在白军不勇敢，今天在红军很勇敢”，“红军就像个火炉，俘虏兵过来后迅速融化了”。青春是用来奉献的。有的人因为看见而相信，有的人因为相信而看见。历史道路就是九曲十八弯，一眼看不到头，置身其中的人谁也无法做到未卜先知，因而它容不得任何人投机取巧。投机的人会被困难与艰险所吓跑，而目光如炬的人则会意志坚定、不忘初心，即使是粉身碎骨，也要把清白留在人民心中。意志涣散的人或者在关键时刻撂挑子，或者在考验面前当逃兵，或者在诱惑面前挺不直腰杆。立足新时代，广大干部特别是年轻干部要牢记习近平总书记提出的“两个绝不能”——“我们绝不能有半点骄傲自满、固步自封，也绝不能有丝毫犹豫不决、徘徊彷徨”。

延伸阅读

前事不忘后事之师：坚定斗争意志终获胜利

斯大林这个名字，曾经象征着钢铁般的斗争意志和力量，有着巨大的感召力。那是因为他和战友、党员、人民在一起，用共同的斗争意志和力量，取得了卫国战争的伟大胜利，在苏联这样一个落后的农业国依靠坚定斗争意志高速实现了社会主义工业化。

在苏联共产党和苏联人民心中，斯大林曾经是一面火红的旗帜。人们没有忘记，在卫国战争中，他把自己心爱的儿子雅科夫送上了战火硝烟的最前线。1941年7月，雅科夫在作战中被俘，被关在俘虏营。后来，希特勒提出，愿意以释放雅科夫为条件，交换德军将领保卢斯，斯大林的回答却是："我不会用一名将军去交换一名士兵。"结果，雅科夫死在了德国法西斯的一个集中营里。

——摘编自李慎明著：《居安思危：苏共亡党的历史教训》，社会科学文献出版社，2013年8月

三、危机困难日趋复杂，探究方法永远在路上

原则问题不能含糊、不能退让，但讲原则不是僵化固守。原则性与灵活性是紧密相联的。当然，"讲灵活"不等于投机取巧，而是策略问题上的灵活。习近平总书记指出："要注重策略方法，讲求斗争艺术。要抓主要矛盾、抓矛盾的主要方面，坚持有理有利有节，合理选择斗争方式、把握斗争火候，在原则问题上寸步不让，在策略问题上灵活机动。要根据形势需要，把握时、度、效，及时调整斗争策略。要团结一切可以团结的力量，调动一切积极因素，在斗争中争取团结，在斗争中谋求合作，在斗争中争取共赢。"[①] "坚持"与"敢于"不是蛮干，而是方法。共产党人不是机械唯物主义者，而是以马克思主义方法论为指导，探究方法永远在路上。

（一）抓主要矛盾和矛盾的主要方面

善于抓主要矛盾和矛盾的主要方面来解决问题，是中国共产党人讲原则、讲斗争的重要方法论。年轻干部只有依照辩证法办事，抓住"纲"，带动"目"，才能把握坚持原则、敢于斗争之要领，使自身的品格与能力同步

①《习近平在中央党校（国家行政学院）中青年干部培训班开班式上发表重要讲话强调　发扬斗争精神增强斗争本领　为实现"两个一百年"奋斗目标而顽强奋斗　王沪宁出席》，新华社北京2019年9月3日电。

提升。唯物辩证法的“两点论”，就是要看到矛盾。唯物辩证法的“重点论”，就是实际工作中要着重地把握主要矛盾和矛盾的主要方面。年轻干部在原则与斗争问题上如果不懂“两点论”“重点论”就会空费体力。不懂得这种方法，结果如堕烟海，找不到中心，也就找不到解决矛盾的方法。中国共产党人讲原则、讲斗争，从来都是奔着矛盾问题、风险挑战去的。如何在坚持原则、敢于斗争中应对各类风险挑战？简单地说，就是抓住最为关键的风险挑战。各种风险挑战都需要我们防控，但重点要防控那些可能迟滞、阻碍或中断中华民族伟大复兴进程的全局性风险挑战。防范化解这些可能影响到中华民族复兴进程顺利推进的全局性风险，便是新时代广大干部特别是年轻干部讲原则、敢斗争的重点所在。面对各种风险挑战，如果能坚持原则、敢于斗争，坚持“两点论”和“重点论”，抓住主要矛盾，抓住矛盾的主要方面，那么，大风险会变为小风险；反之，如果不敢坚持原则，不敢进行斗争或者方法不得当，小风险也会变为大风险。

（二）坚持有理有利有节

讲原则，敢斗争，必须坚持有理有利有节原则。习近平总书记指出：“坚持有理有利有节，合理选择斗争方式、把握斗争火候，在原则问题上寸步不让，在策略问题上灵活机动。”年轻干部坚持有理原则，就是不主动惹是非，但在挑衅攻击面前，绝不规避退缩，要敢于迎战、敢于斗争。任何其他国家不要指望我们会拿自己的核心利益做交易，不要指望我们会吞下损害我国主权、安全、发展利益的苦果。年轻干部要坚持有利原则。有利原则即是胜利原则，不斗则已，斗则必胜。不让敌人感到切肤之痛，他们往往不会收手、不会罢休，甚至会得寸进尺、变本加厉。中国共产党人在原则问题上，不能退让，唯有勇于斗争，才能让敌人知晓挑战我们的原则底线必将为之付出难以承受的惨痛代价。谈，大门敞开；打，奉陪到底。

否则就是对党和人民不负责任。年轻干部要坚持有节原则。有节原则即适度原则，绝不可无止境地每日每时地斗下去，绝不可被胜利冲昏自己的头脑，要善于审时度势、对症下药。因此，年轻干部坚守原则“绝不能退让”，敢于斗争“必须要有所节制”，要以服从大局发展为最终目的。

（三）根据形势及时调整策略

根据形势需要来把握时、度、效，及时调整斗争策略，这既是我们党在长期斗争中形成的宝贵经验，也是实事求是在“讲原则、敢斗争”方法论上的具体体现。兵无常势，水无常形。我们在工作中面对的问题始终是发展运动的矛盾，形势不断发展变化，必须根据形势的新变化新特点对策略进行相应的调整。坚持原则不能退让，敢于斗争要把握好尺度，年轻干部需要准确把握“适度”原则，对火候分寸和对抗程度准确拿捏，防止过犹不及。所以，年轻干部在实际工作中制定有关政策、选择实施举措时，都需要把握好度、掌握好平衡点。斗争策略一旦制定出来，就要坚定地执行，但世间没有哪一种策略是完美的，是一劳永逸的。实践是检验真理的唯一标准，斗争实效是评判斗争策略的根本标准。世界格局每时每刻都在发生变化，我国实践也每时每刻都在发生变化。讲原则是刚性的，但斗争策略是灵活的，这要求年轻干部要不断打破主观主义和形式主义的束缚，更为自觉地将僵化的观念和做法从我们的斗争策略中剔除掉，从而不断完善各项斗争策略。

（四）坚持走群众路线

群众路线是我们党的生命线。党的二十大报告强调，全党要坚持全心全意为人民服务的根本宗旨，树牢群众观点，贯彻群众路线。人民群众是中国共产党人坚持原则、敢于斗争的力量源泉。中国共产党不仅是为了人民利益而讲原则的政党，也是依靠人民在斗争中从胜利不断走向新胜利的政党。在新的长征路上，年轻干部必须牢记，“为什么人、靠什么人”的问题，是检验一个政党、一个政权性质的试金石。只有凝聚人民群众最大共识，坚持原则、敢于斗争才能凝聚强大力量。现阶段，社会结构深刻变动，利益格局深刻调整，思想观念深刻变化，凝聚改革共识难度加大，统筹兼顾各方面利益任务艰巨，这就迫切需要广大年轻干部下功夫去凝聚共识。要向人民群众宣传党的思想理念、路线方针、政策主张，以提升人民群众辨别是非曲直的能力，特别是要引导人民群众深刻认识到中国共产党人的斗争在根本上从来不是为了打倒某个特定的“谁”，而是要和一切威胁人民、反对人民、伤害人民群众利益的各种行为与风险挑战作坚决斗争。为谁而斗争，谁就会成为我们的最可靠的支撑力量。有了最广大人民群众的支持和拥护，我们党就能在任何时候都拥有强大的力量，并且在勇于自我革命中始终保持“钢筋铁骨”，从而更好地带领人民群众去实现我们的奋斗目标。

四、远大理想代代相传，传承传统永远在路上

实现共产主义是共产党人的远大理想。实现远大理想需要一代又一代共产党人不懈地努力奋斗，这就要求新时代共产党人必须传承好党的光荣传统。讲原则、敢斗争作为我们党的光荣传统，在新时代年轻干部身上必须要得到接续传承。中国共产党经过波澜壮阔的百年征程，讲原则、敢斗争的光荣传统历久弥坚。这一光荣传统是党的宝贵精神财富，是激励我们不畏艰难、勇往直前的宝贵精神力量，是确保我们党拒腐防变、永葆政治本色的重要法宝。实践证明，讲原则、敢斗争的光荣传统，产生和形成不容易，坚持和传承更不容易。新时代年轻干部必须成为这一光荣传统的忠实传承者。

（一）发挥好带头表率作用

从严治党、党要管党，首先是管好干部。广大干部的言行举止对人民群众具有很强的示范引领作用，在传承讲原则、敢斗争光荣传统方面的作用尤为突出。我们党历来十分重视培养和引导广大年轻干部努力养成讲原则、敢斗争的优良作风，党的历代领导人也围绕这一工作作了很多重要论述。新时代广大干部尤其是年轻干部要在传承讲原则、敢斗争的光荣传统中发挥先锋模范作用。年轻干部作为我们党承上启下的中坚力量，在很大程度上影响着全党坚持原则、敢于斗争的总体成效和质量，抓住了年轻干部，就等于抓住了这项工作的重要节点，党的作风建设就会起到事半功倍的效果。因此，推动全党做到坚守原则、敢于斗争，要紧紧抓住“中坚力量”，以广大年轻干部群体为重点，抓少数带多数，抓“关键”带“全局”，发挥好年轻干部先进典型“关键少数”的示范引领作用。广大干部尤其是年轻干部不仅要“打铁必须自身硬”，带头弘扬讲原则、敢斗争的光荣传统，练就“金刚不坏之身”，还要以高度负责的精神，修炼自身、带动后人，把党的这一光荣传统落实好、传承好，激励更多的党员干部自觉践行讲原则、敢斗争。

（二）立足党性传承传统

年轻干部能否传承讲原则、敢斗争的光荣传统，反映的是个人形象和素质，彰显的是自身的党性强不强。传承这一传统首先要立足党性。党性是一个政党固有的本性，马克思主义政党的党性原则要求党员必须站在无产阶级立场上，维护好无产阶级和人民群众的利益。维护人民群众利益的有效途径不是喊口号，而是立足党性从实际工作出发传承讲原则、敢斗争的光荣传统，积极开展实际行动。像焦裕禄、孔繁森等优秀共产党员，既是讲原则、敢斗争的楷模，也是传承讲原则、敢斗争光荣传统的典范。当前，形式主义、官僚主义在一些地方仍然比较突出，为官不为、不敢担当等情况依然存在，这与个别党员干部没有传承讲原则、敢斗争的光荣传统有着很大关系。因此，必须把加强党性修养和党性锻炼作为传承讲原则、敢斗争这一光荣传统的重要途径。新时代广大年轻干部要深入学习习近平总书记关于讲原则、敢斗争的重要论述，为传承这一光荣传统积蓄理论力量；要不断加强政治历练，提高政治能力，为传承这一光荣传统打下坚实基础。年轻干部要立足自己的岗位讲原则、敢斗争，勇敢同各种不担当负责、不求真务实、不敬业奉献、不清正廉洁的现象作斗争。此外，要不断加强在思想、纪律、作风等方面的自我约束和要求，努力以一流的业绩和过硬的本领展现中国共产党人的党性觉悟和政治品格。

（三）以公仆精神传承传统

传承讲原则、敢斗争的光荣传统要求年轻干部树立公仆精神，这一精神来自我们党全心全意为人民服务的根本宗旨。广大干部尤其是年轻干部，要经常思考“入党为了什么、当干部干些什么、自身价值是什么”这一类问题，绝不可为特殊利益团体或者少数人谋私利，而应该始终坚守共产党人全心全意为人民服务的价值取向。年轻干部只有在思想上牢固树立为人民服务的宗旨意识，才能在工作中与一切困难险阻作斗争，不断满足人民群众日益增长的美好生活需要，从而实现好、维护好、发展好最广大人民群众的根本利益。为人民服务的根本宗旨与公仆精神在本质上是一致的。共产党人为什么能够传承讲原则、敢斗争的光荣传统，就是因为无论居于何种职位，拥有多大权力，党的干部都是人民的公仆，而绝不是高高在上的“官老爷”。广大年轻干部在传承讲原则、敢斗争的光荣传统时，不仅要遵守党内法规，更要树立牢固的公仆精神，和一切不把党和人民利益放在首位的行为作斗争，把全部心思和精力用在为群众排忧解难上。要努力做到日常工作看得出来，关键时刻站得出来，危急关头豁得出来。在传承讲原则、敢斗争的光荣传统时要谨记一切权力属于人民，要敢于和一切特权思想作斗争，与一切将个人利益置于人民群众利益之上甚至侵害人民群众利益的思想和行为坚决斗争，在原则问题上绝不后退。年轻干部要深刻认识自己手中的权力来自人民，主动接受党和人民群众监督，绷紧严守纪律这根弦，不断提高工作成效，真正为人民群众办好事、办实事。广大年轻干部只要时刻牢记“自己是人民公仆”这一本色，在该讲原则的时候，就能立场坚定；在该斗争的时候，就能勇敢出击。

延伸阅读

抗日英雄赵一曼

赵一曼，原名李坤泰，1905 年 10 月 25 日出生在四川宜宾的一个地主家庭。五四运动爆发后，赵一曼开始阅读《向导》《新青年》《妇女周报》等革命书刊，接受革命新思想。1923 年冬，赵一曼加入中国社会主义青年团。1926 年夏加入中国共产党。同年 11 月，她进入武汉中央军事政治学校学习。

1927 年 9 月，赵一曼前往苏联莫斯科中山大学学习。次年回国后，在宜昌、南昌和上海等地秘密开展党的工作。

1931 年“九一八”事变后，赵一曼被派往东北地区发动抗日斗争。她先后任满洲总工会秘书、组织部长，中共滨江省珠河县中心县委特派员、铁北区委书记，领导工人进行罢工运动，组织青年农民反日游击队与敌人进行斗争。在一首《滨江述怀》的诗中抒发了她坚定的抗日意志：“未惜头颅新故国，甘将热血沃中华。白山黑水除敌寇，笑看旌旗红似花。”

1935年秋，赵一曼任东北抗日联军第3军1师2团政治委员。11月间，第2团被日伪军围困于一座山间。赵一曼为掩护部队突围，身负重伤，养伤期间被日军发现，战斗中再度负伤，昏迷被俘。

被俘期间，日军对赵一曼施以酷刑，用钢针刺伤口，用烧红的烙铁烙皮肉，逼其招供。她宁死不屈，严词痛斥日军侵略罪行。为了得到口供，日军将她送进医院监护治疗。在医院里，她积极宣传抗日救国的道理，教育争取看护和看守人员。1936年6月28日，赵一曼在医院看护和看守帮助下逃出医院，但很快被追敌再度抓捕，受到更加残酷的刑讯。

1936年8月2日，赵一曼被押上去珠河的火车。她知道最后的时刻到了。她给心爱的儿子写下遗书："宁儿啊！赶快成人，来安慰你地下的母亲！我最亲爱的孩子啊！母亲不用千言万语来教育你，就用实行来教育你。在你长大成人之后，希望不要忘记你的母亲是为国牺牲的！"临刑前，她高唱《红旗歌》，"民众的旗，血红的旗，收殓着战士的尸体，尸体还没有僵硬，鲜血已染红了旗帜……"她高呼"打倒日本帝国主义！""中国共产党万岁！"壮烈牺牲，年仅31岁。

为纪念赵一曼，哈尔滨的一条主要街道命名为一曼大街。在她的故乡宜宾市建有赵一曼故居、赵一曼纪念馆等。

——王明峰：《赵一曼：甘将热血沃中华》，《共产党员（河北）》2021第7期

第五章

严守规矩 不逾底线

经典语录

古人说："欲知平直，则必准绳；欲知方圆，则必规矩。"没有规矩不成其为政党，更不成其为马克思主义政党。我认为，我们党的党内规矩是党的各级组织和全体党员必须遵守的行为规范和规则。

——2015年1月12日，习近平在十八届中央纪委第五次全体会议上的讲话作为纪律严明、体系严密的马克思主义政党，我们党从成立之日起就把“讲规矩、守底线”作为管党治党的一条基本要求。“讲规矩、守底线”不仅是百年来中国共产党在推进自身建设过程中积累的一条宝贵经验，更是被实践证明的能够永葆党的先进性和纯洁性的一条重要法宝。习近平总书记在 2021 年秋季学期中央党校（国家行政学院）中青年干部培训班开班式上发表重要讲话强调：“讲规矩、守底线，首先要有敬畏心。心有所畏，方能言有所戒、行有所止。干部一定要知敬畏、存戒惧、守底线，敬畏党、敬畏人民、敬畏法纪。”① 这一重要论述深刻指明了新时代年轻干部做到讲规矩、守底线的内涵要义和基本要求。对于广大年轻干部而言，当前我国正面临百年未有之大变局，环境复杂、形势多变，时局发展迫切要求年轻干部不断提高讲规矩、守底线的能力和水平。年轻干部做到讲规矩、守底线，既要深刻认知讲规矩、守底线的重要意义和科学内涵，更要精准把握讲规矩、守底线的基本要求。

---

①《习近平在中央党校（国家行政学院）中青年干部培训班开班式上发表重要讲话强调　信念坚定对党忠诚实事求是担当作为　努力成为可堪大用能担重任的栋梁之才　王沪宁出席》，新华社北京 2021 年 9 月 1 日电。

第一节
充分认识讲规矩、守底线的重要意义

俗话说，没有规矩，不成方圆。无论我们身处何种环境，都会受到特定的规矩、制度、纪律、习俗的约束和限制。如果不按规矩行事，必然会受到相应的处罚或是谴责。尤其是年轻干部，虽然参加工作时间短、实践经验薄弱，但身上承担着执行党的路线方针政策和行使国家公共权力的重要职责。因此广大年轻干部更应该按照相关规定来办事，逾越了规矩，违反了党规政纪，自然要受到相应的惩处。年轻干部自觉做到讲规矩、守底线，既是马克思主义政党纪律属性的有力彰显，同时也是打造高素质专业化干部队伍的题中之义，更是贯彻依规治党制度治党要求的必由之路。

一、讲规矩、守底线是马克思主义政党特有的纪律属性

马克思恩格斯在创立科学社会主义理论过程中，十分重视政党的作用，认为“工人阶级在反对有产阶级联合权力的斗争中，只有组织成为与有产阶级建立的一切旧政党对立的独立政党，才能作为一个阶级来行动”。正是依靠这样的科学认知和先进理念来指导革命实践，马克思恩格斯才逐步形成了关于无产阶级政党纪律建设的相关理论。1917 年俄国十月革命的一声炮响，给中国送来了马克思主义。此后，中国先进分子们开始从马克思列宁主义中寻求解决中国问题和指引中国实践的方案。作为用马克思主义理论武装起来的无产阶级政党，中国共产党一经成立，就充分认识到纪律建设对于党的自身建设和党的事业发展的重要性和关键性。例如在 1921 年中国共产党第一次全国代表大会通过的《中国共产党第一个纲领》第四条就

明确规定："凡承认本党党纲和政策，并愿成为忠实的党员者，经党员一人介绍，不分性别，不分国籍，都可以接收为党员，成为我们的同志。但是在加入我们的队伍以前，必须与企图反对本党纲领的党派和集团断绝一切联系。"[①]从这一规定不难看出，诞生初期的中国共产党尽管年幼稚嫩，但对于党的组织以及党员的纪律意识培养都有着充分且深刻的认识。

中国共产党诞生于国家危亡、民族衰落的紧要关头，我们党自成立之日起就自觉肩负起了追求民族独立、实现人民解放和国家富强的伟大历史使命。建党百年的历史和实践充分证明，讲规矩、守底线是我们党的一大政治优势，是我们的事业不断从胜利走向新的胜利的可靠保证。回望历史来看，我们党从成立初期仅拥有五十多名党员的小党成长为如今拥有9514.8万名党员、486.4万个基层党组织的世界第一大政党，由小到大、由弱到强，依靠的正是严明的纪律体系和规矩约束。正是得益于中国共产党人讲规矩、守底线的优良传统，我们党才能在每一次危难关头逢凶化吉、在战胜困难中不断成熟壮大。结合现代政党政治发展规律来看，没有严密的组织体系和纪律保障，也难以成为一个可以肩负政治使命的政党组织。当前，我们党面临的执政环境愈发复杂、客观形势瞬息万变，这也对党的自身建设提出了极高的现实要求。

沧海横流，方显英雄本色。党的执政环境越复杂，面临的外部挑战越尖锐，广大年轻干部越要有定力、讲规矩、守底线。正如习近平总书记指出："我们党是靠革命理想和铁的纪律组织起来的马克思主义政党，纪律严明是党的光荣传统和独特优势。"[②]立足新形势，年轻干部自觉做到讲规矩、

---

①《中国共产党历次党章汇编（1921—2017）》，中国方正出版社2019年版，第61页。

②《习近平关于严明党的纪律和规矩论述摘编》，中央文献出版社2016年版，第3页。

守底线，不仅是对百年大党的优良作风的传承和坚守，更是中国共产党人严密纪律意识的重要体现。党的十九大报告明确要求“全面推进党的政治建设、思想建设、组织建设、作风建设、纪律建设，把制度建设贯穿其中，深入推进反腐败斗争”。可见，纪律建设已然成为新时代党的建设总布局中的关键一环。广大年轻干部做到讲规矩、守底线，就是在用实际行动践行新时代党的建设总要求，就是自觉维护党的纪律建设。

二、讲规矩、守底线是打造高素质干部队伍的题中之义

治国治党之要，首在用人。干部选拔任用关乎党和国家事业的发展，是巩固党的全面执政基础和长期执政地位的重要一环。在百年建党史中，选人用人工作始终是党中央高度关切并严管狠抓的一项重要工作。党的十八大以来，以习近平同志为核心的党中央高度重视“好干部”建设工作，多次强调要抓好干部队伍建设。党的十九大报告首次提出建设“高素质专业化干部队伍”这一时代命题，在干部队伍建设目标层面明确了“高素质”“专业化”的新标尺和新定位，凸显出新时代选人用人标准的鲜明实践导向。所谓“高素质”“专业化”实质是两个范畴的概念，包含了领导干部的“软实力”与“硬实力”两方面要素。高素质即个体内在素养，包括政治信仰、理想信念、价值观、认知理念、个人品格等；专业化即实打实的专业水平和业务能力。[①]其中，“讲规矩、守底线”就属于“高素质”这一要求的基本内涵要义。建设高素质专业化干部队伍，广大年轻干部必然要做到讲规矩、守底线，用实际行动来坚守和捍卫我们党的信仰、宗旨、纪

① 宋超：《建设新时代高素质专业化干部队伍：实践导向、现实挑战及重点抓手》，《理论导刊》2021 年第 3 期。

律和底线。

习近平总书记在2018年全国组织工作会议上指出："我们坚持从领导干部抓起，落实中央八项规定及其实施细则精神，以抓铁有痕、踏石留印的劲头，坚持抓常、抓细、抓长，坚决反对形式主义、官僚主义、享乐主义和奢靡之风。我们用铁的纪律维护党的团结统一，把纪律和规矩挺在前面，突出抓政治纪律和政治规矩，坚持纪律面前一律平等。"[①]这一论述充分体现了习近平总书记对于纪律建设与干部队伍建设二者之间内在关系的深刻把握与认知。干部队伍建设是一项系统性、全面性、长期性工程，涉及的内容多、范围广、要素杂，但其中首先需要注意的就是党员干部的纪律意识和规矩意识培养。党员干部不讲规矩、不守底线，党的组织就会是"一盘散沙"，毫无战斗力和组织力可言；党员干部能够做到讲规矩、守底线，才能真正凝聚成为一支纪律严明、攻坚克难、堪当大任的高素质专业化干部队伍，才能有力地肩负起建设社会主义现代化国家的历史重任。

"建设高素质专业化干部队伍"是以习近平同志为核心的党中央对新时代组织工作作出的重大战略部署和实践指向，广大年轻干部要牢记习近平总书记殷切嘱托，深入贯彻落实习近平总书记在全国组织工作会议上的重要讲话精神，在思想上牢固树立规矩意识、底线意识，在行动上自觉践行讲规矩、守底线的基本要求，严格按照党的纪律规矩来办事，坚决守好党员干部应有的底线，努力成为党的严密纪律和优良作风的传承者和践行者。唯有广大年轻干部自觉做到讲规矩、守底线，党的干部队伍才能"召之即来、来之能战"，党中央决策部署才能不折不扣贯彻落实，才能真正凝聚起"有令即行、有禁即止"的强大组织力量。

① 习近平：《在全国组织工作会议上的讲话》，人民出版社2018年版，第6页。

三、讲规矩、守底线是贯彻依规治党要求的必然之举

治国必先治党，治党务必从严，从严必依法纪。从“打铁还需自身硬”的掷地有声到“踏石留印，抓铁有痕”的庄严宣告，从“八项规定”新风拂面到“四风”涤荡，党的十八大以来，习近平总书记高度重视党的建设，在不同场合多次强调“党要管党、从严治党”。“全面从严治党”是习近平总书记在科学分析新时期党的建设基本态势与客观要求、自觉运用中国共产党执政与建设规律的基础上提出的重大战略论断。全面从严治党绝不是一句空话，必须依靠严明的纪律和规矩来保障和实现。正如王岐山同志在十八届中央纪委五次全会分组讨论时指出：“国有国法，家有家规。从严治党根据什么？就是靠党的纪律和规矩。”党纪严于国法，年轻干部除了要遵守国家法律的相关要求，还必须要遵守党纪的要求，治党从严就要从严格党纪抓起。“人不以规矩则废，党不以规矩则乱。”对一个党员来说，纪律和规矩是高压线；对一个政党来说，纪律和规矩是生命线。

党的十八大以来，我们党推进管党治党的鲜明特色之一就是坚持制度治党、依规治党，用党内法规作为管党治党的基本依据和制度遵循。2017年党的十九大审议通过《中国共产党章程（修正案）》，将“依规治党”这一概念首次写入党章，以党的根本大法的形式确立了“依规治党”这一管党治党的基本方式。依规治党的核心在于“规”，这个“规”就是党内法规体系。但仅仅有规章制度是远远不够的，想要真正实现“制度治党、依规治党”的美好夙愿，年轻干部必须发挥自身的主动性和自觉性，做到讲规矩、守底线。年轻干部要对党的规章制度心怀敬畏、端正态度，充分认识到党内法规作为管党治党总依据的重大意义和实践价值，严格遵守党内法规要求、自觉执行党内法规规定、牢固坚守党的纪律底线。

广大年轻干部是推进制度治党、依规治党实践过程中的重要一环。这主要是由年轻干部在制度治党、依规治党实践中扮演的主体性角色决定的。如果年轻干部不积极、不主动、不自觉，“依规治党”就只能是一句空话，就会成为“空中楼阁”难以落地。广大干部特别是年轻干部讲规矩、守底线、有纪律，党的规章制度就能真正成为“铁规硬鞭”，就能确保党的纪律规章真正转化为管党治党的约束效力，从而保证党组织和各级党员干部都能在党内法规限定的合理范围内有序行动。因此，年轻干部自觉做到讲规矩、守底线是新时代推进制度治党、依规治党的必由之路。

延伸阅读

一件军装彰显“党内规矩”

作为党的重要领导人，无论是在工作还是生活中，陈云一直遵守纪律，以身作则，严格要求自己，反对特权和腐败，展现出良好的党性修养。无论在顺境还是逆境，始终把党的利益放在第一位，表现出共产党人不可动摇的信念。抗日战争时期，担任西北财经办事处副主任的陈云，主持陕甘宁边区的财经工作，掌管陕甘宁边区的物资供应。他穿的那套军装补了又补，管理后勤的陈清泉看不下去就让有关部门给他送一套新军装来。但按照当时的战略物资分配规定和要求，此时并不是分发军装的规定时间。陈云得知后立即把他叫去，非常严肃地说：“现在还不到发军装的时候，任何人都不能例外。”而后，陈云按规定把新军装退还回去，仍旧坚持穿自己的旧军装。“静以修身，俭以养德”，陈云纪念馆保存的一件棉坎肩上打了三十多个补丁，还有一套中山装，也只是参加重要活动时才穿，恰恰通过这些小事反映了陈云严守规矩的大品德。

——选自王茜：《陈云关于党内规矩的思考》，《党史博采》2018 年第 2 期

第二节
准确把握讲规矩、守底线的科学内涵

明确内涵是深刻把握乃至学以致用的基础和前提。习近平总书记深刻寄语广大年轻干部要“讲规矩、守底线”，那么对于年轻干部而言，首先要明确一个问题：“讲规矩、守底线”的内涵指向是什么？要讲哪些规矩？要守哪些底线？唯有解决好“是什么”这一本质问题，年轻干部才能心有所指、行有所向，才能更好地对标对表党中央精神要求，以实际行动做到讲规矩、守底线。“讲规矩、守底线”这一精神要求中的“规矩”和“底线”并不是模糊的、笼统的、抽象的，而是有其明确的基本要义和内涵指向。习近平总书记曾经多次在不同场合发表了一系列关于“讲规矩、守底线”的重要论述，这些论述意义重大、指向明确，是广大年轻干部深刻践行讲规矩、守底线要求的根本行为遵循和实践指引。

一、准确把握“讲规矩”的内涵指向

习近平总书记在出席2015年1月12日至14日举行的十八届中央纪委第五次全体会议时围绕“党的规矩”作了精辟论述：“党的规矩总的包括什么呢？其一，党章是全党必须遵循的总章程，也是总规矩。其二，党的纪律是刚性约束，政治纪律更是全党在政治方向、政治立场、政治言论、政治行动方面必须遵守的刚性约束。其三，国家法律是党员、干部必须遵守的规矩，法律是党领导人民制定的，全党必须模范执行。其四，党在长期实践中形成的优良传统和工作惯例。”[①] 这一表述语义清晰、指向明确、逻辑自洽，翔实而具体地阐述了我们党的“规矩”具体包括哪些“规矩”。习近平总书记的重要讲话为新时代广大年轻干部自觉做到“讲规矩”提供了实践方向。

（一）党章是全党必须遵循的总规矩

党章，全称为《中国共产党章程》，是中国共产党制定的关于全党工作的实体法规，涵盖了党的性质和宗旨、指导思想、纲领任务、组织结构、党员权利与义务、组织制度等各方面的内容，对党内全方位工作作出了科学规定和严格规范，是党内的根本大法和行动纲领，也是全体党员必须遵守的根本行为规范。作为党的总章程，党章对全体党员具有平等约束力和普遍规范力，其效力涵盖党内一切事务。党章的制定与修改，均由党的最高领导机关即党的全国代表大会来进行，这也赋予了党章无比崇高的政治权威和历史地位。党章自制定以来，在党内始终保持着“至高无上”的政治地位、发挥着“统领全党”的政治作用，对中国共产党完善自身建设和统领革命工作都起到了决定性作用。

年轻干部讲规矩首先要做到认真学习党章、严格遵守党章，用党的“总规矩”“根本大法”来对照自身、指引实践。正如习近平总书记要求：“判断各级党组织和党员、干部的表现，要以党章为基本标准；解决党内矛盾，要以党章为根本规则。”[②] 党章中明确规定了党员义务、党员权利、党的组织制度、党的干部以及党的纪律等内容，这些规定和要求都是全体党员干部应当且必须遵循的行为准则。广大年轻干部要牢固树立学习党章、敬

---

①《习近平谈治国理政》（第二卷），外文出版社 2017 年版，第 151 页。

②《习近平关于严明党的纪律和规矩论述摘编》，中央文献出版社 2016 年版，第 51 页。

畏党章、遵守党章的纪律意识，真正当好党章的维护者和践行者，用实际行动落实党的“总规矩”。

（二）党的纪律是年轻干部的刚性约束

党的纪律是党的各级组织和全体党员必须遵守的行为规则，是维护党的团结统一、完成党的任务的保证。党组织必须严格执行和维护党的纪律，共产党员必须自觉接受党的纪律的约束。从类型划分来看，党的纪律主要包括政治纪律、组织纪律、廉洁纪律、群众纪律、工作纪律、生活纪律六类。中国共产党是靠革命理想和铁的纪律组织起来的马克思主义政党，纪律严明是党的优良传统和独特优势。无产阶级政党之所以有力量，就在于它是严密的有组织的整体。而这种组织作用的有效发挥，则依赖于党内实行严格的纪律。当某种建议和意见在党的会议上一经讨论通过，形成了决议，便对整个党的组织和党员都适用，都具有同等的约束力，党的每个组织和党员必须执行。不执行党的决议，也就违背了党的纪律。

对于年轻干部而言，从自觉加入党组织之日起，实质上已经默认接纳和同意了党的纪律和规矩。正如党章中规定：“党员要自觉遵守党的纪律，首先是党的政治纪律和政治规矩。”① 当前，我们党正领导 14 亿多中国人民如火如荼地推进社会主义现代化国家建设，党的强大领导力和组织力就来源于广大党员干部对于党的纪律的坚守和践行。全体党员干部遵规守纪，心往一处想、劲儿往一处使，党的事业才能蒸蒸日上，党的组织才能坚强有力，中国特色社会主义事业才能不断从胜利走向新的胜利。

（三）国家法律是年轻干部的行为遵循

法律是由享有立法权的立法机关行使国家立法权，依照法定程序制

① 《中国共产党章程》，人民出版社 2017 年版，第 25 页。

定、修改并颁布，并由国家强制力保证实施的基本法律和普通法律总称。我国的国家法律本质上是国家意志的体现，而国家意志的本质则是通过其执政党凝结人民意志的结晶，是党的主张和人民意志的体现。党的十八大以来，习近平总书记多次强调要坚持依规治党和依法治国有机统一，二者相辅相成、缺一不可。作为已经执政70多年并将继续长期执政的马克思主义政党，我们党始终强调既要领导人民制定法律，同时自身也要在法律规定的范围内活动。要始终把科学执政、民主执政、依法执政作为党执政的基本方式。

年轻干部身兼“社会人”与“政治人”的双重角色属性。从普通社会人角度来看，遵守法律、敬畏法律是一个普通公民应尽的义务。身为党员干部，更应当以身作则、率先垂范、带头学法、遵法守法，严格在法律规定的范围内活动，用实际行动来践行我们党依法治国、依法执政的庄严承诺。广大年轻干部要牢记“各级领导干部要带头遵守法律，带头依法办事，不得违法行使权力，更不能以言代法、以权压法、徇私枉法”，牢固树立法律红线不能触碰、法律底线不能逾越的观念，不断提高法治思维和依法办事能力，努力当好国家法律的遵守者和践行者。

（四）党的优良传统和惯例需传承发扬

家有家风，党有党风。诚如一个和谐美满的家庭会在赓续传承中不断积淀和厚植优良家风，我们党作为一个百年大党，在长期的奋斗和发展过程中也不断生成、传承、接续了一些优良传统和工作惯例。这些优良传统和工作惯例尽管不同于党章党规、国家法律等成文制度规章，但它们对于党的建设和实践发展的影响却是深远而重大的。正如习近平总书记在十八届中央纪委第五次全体会议上指出：“为什么说党在长期实践中形成的优良传统和工作惯例也是十分重要的党内规矩呢？这是因为，对我们这么一个大党来讲，不仅要靠党章和纪律，还得靠党的优良传统和工作惯例。这些规矩看着没有白纸黑字的规定，但都是一种传统、一种范式、一种要求。纪律是成文的规矩，一些未明文列入纪律的规矩是不成文的纪律；纪律是刚性的规矩，一些未明文列入纪律的规矩是自我约束的纪律。”①

年轻干部在工作中随时面临着各种各样的复杂形势和多元情况，有些情况和事态甚至超出了党章党规的规定范围，需要年轻干部灵活应对、审慎处置。这种情况下，对于年轻干部的党性修养和理想信念就是一种极大考验和检视。作为中国工人阶级有共产主义觉悟的先锋战士，年轻干部要牢记党的光荣传统和优良作风，自我把关、自我审视、自我约束，用内在价值指引和崇高精神追求来鞭策自身、克己奉公。

二、准确把握“守底线”的内涵指向

所谓“底线”是人们对人、事、物所能普遍接受的最低限度、最低要求。党的十八大以来，习近平总书记多次强调党员干部要坚守底线。2016年习近平总书记在对“两学一做”学习教育的重要指示中强调，要把“做人做事的底线划出来”，此处提及的“底线”即是法律底线、纪律底线、政策底线、道德底线这四条底线。“四条底线”是对全体党员干部做人做事提出的最低标准和要求，是四条不可逾越的红线，广大年轻干部要坚守“四条底线”标准，用这“四条底线”约束自身，切实坚守好自己做人做事的原则。

（一）坚守法律底线

恪守规矩，谨言慎行，关系年轻干部的政治生命，关系到干部队伍建

①《习近平谈治国理政》（第二卷），外文出版社2017年版，第151—152页。

设的成败。国家法律既是年轻干部行为的基本遵循，同时也是年轻干部必须坚守的行为底线。2015 年 2 月 2 日，习近平总书记在省部级主要领导干部学习贯彻十八届四中全会精神全面推进依法治国专题研讨班开班式上强调："领导干部要牢记法律红线不可逾越、法律底线不可触碰，带头遵守法律、执行法律，带头营造办事依法、遇事找法、解决问题用法、化解矛盾靠法的法治环境。谋划工作要运用法治思维，处理问题要运用法治方式，说话做事要先考虑一下是不是合法。"[①]这一论述充分体现了我们党领导人民制定宪法法律，党领导人民实施宪法法律，党自身必须在宪法法律范围内活动的高度自觉和坚定决心。

在现实工作中，一些年轻干部法治意识比较淡薄，有的存在有法不依、执法不严、甚至徇私枉法等问题，严重影响了党和国家的形象和威信，损害了我们党的执政根基和公共信任。年轻干部不遵法不守法，就必然走上违法乱纪的邪路，最终必将受到法律的严惩。广大年轻干部要深刻学习领会习近平法治思想，系统学习中国特色社会主义法治理论，准确把握我们党处理法治问题的基本立场，要始终坚持法定职责必须为、法无授权不可为，牢记法律红线不可逾越、法律底线不可触碰。

（二）坚守纪律底线

毛泽东说过："加强纪律性，革命无不胜。"邓小平指出："我们这么大一个国家，怎样才能团结起来、组织起来呢？一靠理想，二靠纪律。组织起来就有力量。没有理想，没有纪律，就会像旧中国那样一盘散沙，那我们的革命怎么能够成功？我们的建设怎么能够成功？"重视纪律建设、坚

---

① 习近平：《领导干部要做尊法学法守法用法的模范　带动全党全国共同全面推进依法治国》，《人民日报》2015 年 2 月 3 日，第 1 版。

守纪律底线既是我们党作为马克思主义执政党应有的政党属性，同时也是我们党在百年的革命、建设和改革实践中积累的一条宝贵建党经验。我们党大力推进党要管党、从严治党，靠什么管？凭什么治？就是要靠严明的党规党纪。我们党也始终强调“党纪严于国法”。对于年轻干部而言，首先要把纪律挺在前面，作为自身行动和工作的基本指引。

党的二十大报告指出，全面加强党的纪律建设，督促领导干部特别是高级干部严于律己、严负其责、严管所辖，对违反党纪的问题，发现一起坚决查处一起。2018 年 8 月 26 日新修订的《中国共产党纪律处分条例》(以下简称《条例》) 公布，并于 10 月 1 日起正式实施。《条例》把党章对纪律的要求整合成政治纪律、组织纪律、廉洁纪律、群众纪律、工作纪律、生活纪律，开列负面清单，重在立规，划出了党组织和党员不可触碰的底线。对年轻干部来说，《条例》规定的内容就是“高压线”“警戒线”，是万万不能试探和触碰的。守住纪律底线，首要的就是守住政治纪律底线。广大年轻干部要增强“四个意识”、坚定“四个自信”、做到“两个维护”，在指导思想和路线方针政策以及关系全局的重大原则问题上，必须在思想上政治上行动上同党中央保持高度一致，用实际行动守好纪律底线。

（三）坚守政策底线

党的路线方针政策是党的理论、意志、主张在治党治国、执政理政上的具体体现。党的路线方针政策一旦确立，服从和执行就是绝对的、无条件的。党的路线方针政策是全党行动的准则，是党的各级组织和党员干部不可违反、不可逾越的底线。正如习近平总书记在十八届中央纪委二次全会上指出：“各级党组织和领导干部要牢固树立大局观念和全局意识，正确处理保证中央政令畅通和立足实际创造性开展工作的关系，任何具有地方特点的工作部署都必须以贯彻中央精神为前提。要防止和克服地方和部门保护主义、本位主义，决不允许‘上有政策、下有对策’，决不允许有令不行、有禁不止，决不允许在贯彻执行中央决策部署上打折扣、做选择、搞变通。”①

广大年轻干部要认真学习党的基本理论、基本路线、基本纲领，不断提高政治敏锐性、政治鉴别力，不断增强政治定力，提高运用马克思主义认识问题、分析问题、解决问题的能力。在工作上要不讲条件、不打折扣，坚决贯彻、自觉执行党的路线方针政策，全面落实中央的各项决策部署。年轻干部不仅要吃透党的路线方针政策，更需要把中央精神转化落实到具体工作中去，转化到推动具体工作部门、工作单位的发展理念、发展思路中去，为破解发展难点、解决发展难题提供依据。

（四）坚守道德底线

中国共产党的先锋队性质决定了我们党的党员干部理应有更高的觉悟、更强的定力、更严的标准。对于年轻干部而言，除了国法底线、党纪底线、政策底线之外，由数千年中华文明积淀而成的一般性社会公德也应当是年轻干部必须坚守的道德底线。年轻干部的道德修养理应在社会公德的一般性要求之上，应该成为普通大众的道德标杆。古人讲“做官先做人，做人先立德”，讲的就是这个道理。我们党代表着中国先进生产力的发展要求、中国先进文化的前进方向、中国最广大人民的根本利益，这一性质决定了中国共产党人必须要崇德尚德、遵德守德。

正如《中国共产党廉洁自律准则》规定，中国共产党全体党员和各级党员领导干部要自觉培养高尚道德情操，努力弘扬中华民族传统美德。道德情操与生活习惯是密切联系在一起的。一些领导干部放纵自己、不断犯

①《习近平总书记重要讲话文章选编》，中共中央文献研究室 2016 年版，第 21 页。

错最终走上违法犯罪道路，大多是从操守不严、品行不端、道德败坏开始的。年轻干部要以此为戒，努力用社会公德、职业道德、家庭美德等一系列道德规范来约束自身言行，坚守最基本、最朴素的做人做事道德底线，堂堂正正做人、老老实实干事、清清白白为官。

延伸阅读

毛泽东的亲情是一种大爱

毛泽东的长子毛岸英分配到西柏坡附近的农村开展土改工作期间，与刘谦初烈士的女儿刘思齐逐渐产生了感情。而后，两人遂打算结婚成家。当毛岸英第一次找到父亲毛泽东说“两个人准备办理结婚手续”时，毛泽东得知刘思齐还未满18周岁，就坚决地表示“不行，差一天也不行”。后来，毛岸英觉得自己都快27岁了，年龄也不小了。况且当时岁数不够结婚的人也有不少，于是又找到毛泽东。毛泽东大声地说：“谁叫你是毛泽东的儿子，我们的纪律你不遵守谁遵守？”“谁叫你是毛泽东的儿子！”一言九鼎，掷地有声。乍看起来有点不合情理、不近人情，但却满满蕴含着老一辈共产党人对于纪律和规矩的敬畏之心。毛泽东的亲情，不是谋私徇亲、沾亲带故的狭隘小爱，而是一种守住公与私分界线、吃透严与爱辩证法的大爱。毛泽东等老一辈无产阶级革命家，把对家人浓郁的爱化作了严格的家规，不仅自身严格守规、不折不扣落实党的纪律规定，同时也毫无保留地要求自己的家人子女同样要做守规矩、守纪律的模范榜样。

——选自《赶考路上讲规矩》，《当代党员》2021年第13期

第三节
年轻干部讲规矩、守底线的实践要求

明确意义、把握内涵是起点、是基础，而掌握方法、落到实处才是目的、是归宿。年轻干部讲规矩、守底线，最根本的是要掌握“讲规矩、守底线”的基本要求和实践做法，真正从行动上、方法上、举措上搞清楚。习近平总书记在寄语中青年干部时深切指出：“严以修身，才能严以律己。一个干部只有把世界观、人生观、价值观的总开关拧紧了，把思想觉悟、精神境界提高了，才能从不敢腐到不想腐。”① 这一重要论述，正是新时代广大年轻干部做到“讲规矩、守底线”的行为指引和基本遵循。具体来说，年轻干部做到讲规矩、守底线，要从树立敬畏之心、注重严以修身、学习党内法规、锤炼守纪意识等几个方面加以努力，多措并举、多向发力。

一、心存戒惧讲原则，敬畏之心是首要

当前，从一些违法乱纪的案例中，我们不难发现一些规律性的东西，就是个别党员干部“天不怕、地不怕”，想干什么事就干什么事，毫无畏惧、胆大妄为。对于广大干部特别是年轻干部而言，常怀“敬畏之心”尤为重要。朱子在《中庸注》中写道：“君子之心，常存敬畏。”“敬”是由心而发出一种恭敬、尊重的意思。“畏”是有威严让人感到畏惧。“敬畏”一词，敬在前而畏在后，是让人由敬而生的尊重、谨慎，不是由畏而生的害

---

①《习近平在中央党校（国家行政学院）中青年干部培训班开班式上发表重要讲话强调 信念坚定对党忠诚实事求是担当作为 努力成为可堪大用能担重任的栋梁之才 王沪宁出席》，新华社北京2021年9月1日电。

怕、退缩。懂敬畏者，懂得尊重、能把握分寸、守得住底线。从这一角度来理解，心怀“敬畏之心”就是要求广大干部在与人相处、开展工作时都要心里面存着敬仰畏惧的情怀。要知道“什么可以为，哪些不可为”，要真正在思想上树立畏惧之心、在行为上明确边界底线。新时代年轻干部心存敬畏之心，就要敬畏党、敬畏人民、敬畏法纪、敬畏权力、敬畏历史。

（一）牢记共产党人“公心”敬畏党

习近平总书记指出：“我们共产党人为的是大公、守的是大义、求的是大我，更要正心明道、怀德自重，始终把党和人民放在心中最高位置，做一个一心为公、一身正气、一尘不染的人。”① 人无敬畏，则行无边界。任何人活在世上，都需要行有所止、心有所畏，随心所欲必然会伤己伤人。我们党是有理想、有信念、有宗旨的马克思主义政党，全体党员都应当毫无条件、不折不扣地执行党的路线、坚守党的信念、牢记党的公心。广大年轻干部要不断补“钙”壮“骨”、固根守魂、坚守“公心”、锤炼品行，要挺起共产党人的精神脊梁、传承共产党人的优良作风，强化为党分忧、为党尽职、为民造福的政治担当。自觉坚持民主集中制，坚定维护以习近平同志为核心的党中央权威和集中统一领导，保证全党的团结统一和行动一致。要始终牢记作为一名共产党员的义务和责任，自觉遵守党的纪律，严格保守党和国家秘密，执行党的决定，服从组织分配，积极完成党的任务。党的领导坚强有力，党的肌体才能愈发强壮，广大党员干部才能不断茁壮成长。

（二）牢记党的初心和使命敬畏人民

中国共产党人的初心和使命，就是为中国人民谋幸福，为中华民族谋

---

①《习近平在中央党校（国家行政学院）中青年干部培训班开班式上发表重要讲话强调 信念坚定对党忠诚实事求是担当作为 努力成为可堪大用能担重任的栋梁之才 王沪宁出席》，新华社北京2021年9月1日电。

复兴。不断增进人民福祉、实现人民幸福，是党的初心使命的集中体现与现实反映。践行党的初心使命，就必须始终坚守人民立场。年轻干部必须把人民放在心中最高位置，坚持一切为了人民，一切依靠人民，全心全意为人民服务，以人民群众为根基，以人民满意为工作最高标准，以坚守亘古不变的初心，矢志不渝为人民谋幸福。人民是我们党执政的根基，也是我们党执政的最大底气。广大年轻干部要坚持把人民满意不满意、高兴不高兴、答应不答应作为开展工作的根本遵循，切实解决人民群众的所需所想所急所盼，真正把维护人民群众的根本利益作为一切工作的落脚点。心中有人民，行动有力量。政之所以兴在顺民心，民心就是最大的政治。年轻干部只有真正把人民放在心上，关心人民、服务人民、敬畏人民，才能真正守好我们党执政的底线，才能真正做到讲规矩。

（三）牢记依法执政的原则敬畏法纪

一切法律之中最重要的法律，既不是刻在大理石上，也不是刻在铜表上，而是铭刻在公民的内心里。依法执政是我们党执政的基本方式。我们党领导人民制定法律，同时也要求全体党员和各级党组织要自觉在法律规定的范围内活动，要始终坚守法律底线。没有规矩不成方圆，党纪国法是每个党员干部的戒尺，是我们每个党员头顶高悬的达摩克利斯之剑。法律面前人人平等，纪律面前没有特权，国法的红线不能逾越。遵纪守法是年轻干部从政的底线，也是安身立命的最基本要求、最基本职责和最基本素养。广大年轻干部要始终保持一种如临深渊、如履薄冰的紧张感，一种在位一天、赶考一天的危机感。要严把为官底线，坚守法纪红线，筑牢拒腐防线，在思想上、行动上、观念上牢固树立敬畏法纪意识。只有把法纪作为行动基准，才能堂堂正正做人、干干净净办事、清清白白当官。敬畏法纪，是年轻干部践行“讲规矩、守底线”要求的最基本表现。

（四）牢记肩负的责任担当敬畏权力

权力是一把双刃剑，用之得当则能造福人民，用之不当则害人害己。权力并非与生俱来的，而是人民赋予的，包含着人民的重托和对党的信任。然而当前一些领导干部不懂得敬畏权力，滥用权力、公权私用、为所欲为，俨然把自己当成了“官老爷”“掌权者”，最终只能是被人民抛弃、被法纪惩办。广大年轻干部一定要认清权力的本质属性和基础来源，时刻牢记手中的权力是人民赋予的，只能用来为人民谋利益，只可以依法行使、正确使用，不可以随心所欲、滥用权力。“水能载舟，亦能覆舟”。人心向背关系党的生死存亡，敬畏之心须臾不可忘却。越是一帆风顺，越需要保持对权力的谦逊敬畏之心；越是大权在握，越是要战战兢兢、审慎用权。年轻干部切不可被权力和欲望冲昏头脑，沦为“权力的奴隶”。要时刻牢记自己身为党的干部、人民的干部，肩负着实现中华民族伟大复兴的责任重担。年轻干部只有牢固树立起对权力的敬畏之心，严以用权、科学用权、善于用权，才能真正做到讲规矩、守底线。

（五）牢记兴衰更替的规律敬畏历史

古人说“政声人去后”，意思是说看一个官员是否有所建树、是否清正廉洁，往往并不看他在任时有多少“花架子”“假把式”，人们对他有多少赞美之情、溢美之词。因为，眼前的“夸耀赞美”可能是假象。最关键的是要在他下台之后甚至他“百年”之后，再对其盖棺论定、客观评价。这就是一种典型的敬畏历史的表现。敬畏历史，就是尊重历史，要求广大干部特别是年轻干部做人、做事要努力争取“千载留芳”，而绝不能是“遗臭万年”。历史的发展和进步有其特定的规律，绝不会以少数人的个人意志为转移。有了这种对历史的敬畏之心，就不会急功近利、不顾后果地去搞“短期行为”“政绩工程”，不会去干“发祖宗财，断子孙路”的“一锤子买卖”，也不会去干“崽卖爷田不心痛”的愚蠢之事，而是放眼长远、把握机遇、尊重规律、科学发展，用实际行动干一些经得起实践和历史检验的事。年轻干部要牢记“人亡政息、兴衰更替”的“历史周期律”，敬畏历史、尊重规律、审慎用权。

二、把好“三观”慎言行，严以修身是基础

早在2015年习近平总书记围绕“三严三实”专题教育发表讲话时就强调：“践行‘三严三实’，每个同志都有改造自己、提高自己的职责。”[①]在谈及中青年干部成长成才时，习近平总书记再次强调了修炼“三观”对于广大党员干部职业发展的重大意义。可见，严以修身是年轻干部严以律己，做到讲规矩、守底线的基础和前提。年轻干部只有把自己锤炼成“金刚铁骨”，才能真正做到“百毒不侵”。每一个年轻干部都要高度重视个人世界观、人生观、价值观修炼，不断厚植个人涵养，自觉提升道德情操，努力成长为合格的党员干部。

（一）牢固树立正确的世界观

世界观决定着一个人的人生态度和价值追求。同时，世界观也决定着人生观和价值观。中国共产党作为马克思主义执政党，是把马克思列宁主义、毛泽东思想、中国特色社会主义理论体系作为自己的指导思想和理论的，强调党员干部只有牢固树立马克思主义的世界观和方法论，才能够始终代表最广大人民的根本利益；才能在大是大非面前旗帜鲜明、毫不含糊、敢于亮剑；才能从诸多的矛盾当中把握主要矛盾和矛盾的主要方面，自觉地按客观规律办事。世界观是每个人对客观事物及对自己的行为结果的总

①《习近平总书记重要讲话文章选编》，中共中央文献研究室2016年版，第264页。

体评价，是个性心理结构的核心因素之一，所以党员干部要树立正确的世界观。我们党的性质和宗旨，决定了每一个党员干部都要树立马克思主义世界观、共产主义世界观。“为什么人”的问题，是一个根本的问题，关键的问题，是党性修养的核心内容。党员干部必须树立马克思主义世界观、共产主义世界观，这是因为，共产主义世界观是无产阶级的阶级性在观念上的集中表现，是无产阶级政党的灵魂，是构成共产党党性的决定性要素。而党员干部则是构成党的整个肌体的细胞，共产主义世界观是全体共产党员必须具有的最基本的思想素质和政治素质。“得人心者得天下，失人心者失天下”。古今中外历朝历代的兴衰更替，都证明了这一点。今天，我们中国共产党人牢记宗旨、不忘初心、执政为民，既具有很强的现实针对性，又具有深远的历史意义，这是检验一个共产党员有没有党性的分界线。广大干部特别是年轻干部要坚定共产主义远大理想，坚持走中国特色社会主义道路，发扬和传承我们党理论联系实际、密切联系群众、批评与自我批评等优良作风，牢固树立马克思主义世界观、共产主义世界观。

（二）牢固树立正确的人生观

人生观是人们在实践中形成的对于人生目的和意义，对人生道路、生活方式的总的看法和根本观点。它决定着人们实践活动的目标、人生道路的方向，也决定着人们行为选择的价值取向和对待生活的态度。古人云：“德才兼备是圣人，有德无才是君子，有才无德是小人，德才皆无是庸人。”新时代把“德能勤绩廉”作为选人用人的标准，坚持把“德”作为界定人才的首要标准。这实质上也为广大干部特别是年轻干部修炼自己的人生观指明了主攻方向。年轻干部的人生之路如何走，直接受到人生观支配。人生观是“总开关”，有了正确的人生观，就能走出有意义的一生、有价值的一生；一旦人生观出现错误，就会走向苦恼的人生、扭曲的人生。年轻干部要树立正确的人生观，不但要“修德、怀德、有德”，更应当做到以德服人、以德待人。在工作实践中，年轻干部要识大体、顾大局、克己奉公，严格按照“信念坚定、为民服务、勤政务实、敢于担当、清正廉洁”20字好干部标准和要求约束自身，始终做到心中有党、心中有民、心中有责、心中有戒，严格遵守党的刚性约束。此外，要努力培养正确的理想观、职业观、金钱观、名利观、苦乐观、道德观、成才观、幸福观，全方位树立起正确的人生观。有了正确的人生观指引，年轻干部就不会为个人得失而斤斤计较，不会陷入“自我中心”而难以自拔，就能够为崇高的理想不懈奋斗，以顽强的意志克服遇到的各种困难，不被矛盾所困扰，不向挫折屈服，不为冲突而忧虑，热爱自己本职工作，积极努力作出成绩，奉献自己存在的价值。与此同时，正确的人生观能够为年轻干部自身提供源源不断的精神动力，帮助年轻干部在处于困境、面对挫折时不气馁、不言弃，点亮信念的“灯塔”，指引年轻干部走出迷惘、穿越困境，在个人职业成长的道路上昂首前行。明确了人生观，年轻干部在面对歧路、面对诱惑时就能心力淡定、仔细辨别、得当取舍。有了正确人生观指引，年轻干部自然也就能不折不扣地做到讲规矩、守底线。

（三）牢固树立正确的价值观

社会主义核心价值观是共产党人的价值追求和信念坚守。社会主义核心价值观是指人们对社会主义价值的性质、构成、标准和评价的根本看法和态度，是人们从主体的需要和客体能否满足主体的需要以及如何满足主体需要的角度，考察和评价各种物质的、精神的景象及主体的行为对个人、无产阶级、社会主义的意义。社会主义核心价值体系的内涵，明确提出了社会主义核心价值体系的基本内容，年轻干部必须做到坚持中国特色社会主义共同理想；坚持以爱国主义为核心的民族精神和以改革创新为核心的时代精神；坚持社会主义荣辱观。习近平总书记针对党员干部价值观提出了忠诚老实、光明坦荡、公道正派、实事求是、艰苦奋斗和清正廉洁等价值要求，广大年轻干部要自觉把这些要求置于党员价值体系最高位阶，并以其为核心，整合其他价值理念，确立正确的价值导向和价值序列。要始终坚持共产党人的价值追求，模范践行社会主义核心价值观，带头自觉抵制各种不正之风，以自己的实际行动做好示范，引导群众树立正确的价值导向，真正使社会主义核心价值观成为助力党的事业发展的正能量和源动力。价值观问题关乎一个人的行为方向和自我要求。年轻干部只有在价值观上不偏倚、不歪曲、不出差，行动上才能坚强有力、思想上才能筑牢防线，才能真正做到讲规矩、守底线。

延伸阅读

周恩来的修养要则

1943 年 3 月 18 日正好是周恩来 45 岁生日。当天晚上办事处为周恩来多准备了几道菜肴，并提醒今天是他 45 岁生日，他才恍然大悟，但仍让人把这顿“丰盛”的晚餐端走分给大家。与此同时，办事处还准备为周恩来开一个小型祝寿会。但任凭邓颖超多次催促，周恩来仍拒绝下楼参加。最后只得在寿星缺席的情况下，同志们自行庆祝。这天晚上，周恩来独自一人在办公室，他坐在桌前回顾参加革命后的经历，凝思许久，他提笔写下了《我的修养要则》：“一、加紧学习，抓住中心，宁精勿杂，宁专勿多；二、努力工作，要有计划，有重点，有条理；三、习作合一，要注意时间、空间和条件，使之配合适当，要注意检讨和整理，要有发现和创造；四、要与自己的他人的一切不正确的思想意识作原则上坚决的斗争；五、适当地发扬自己的长处，具体地纠正自己的短处；六、永远不与群众隔离，向群众学习，并帮助他们。过集体生活，注意调研，遵守纪律；七、健全自己身体，保持合理的规律生活，这是自我修养的物质基础。”细细品读这份《我的修养要则》，周恩来凝重忧远的诚恳态度、深思熟虑的斗争策略、心系群众的急迫心情跃然于眼前。充分体现了一名无产阶级革命家，一名共产党人的优良品质，而他的一生，都在践行这一准则。

——选自央视网《共产党员的修养》2021 年 6 月 11 日

三、党内法规需勤学，依规办事是遵循

党的十八大以来，以习近平同志为核心的党中央在全面从严治党伟大实践中，创造性地提出了“坚持依规治党”。这既是对我们党管党治党实践的开拓创新，同时也是对马克思主义党建理论的丰富发展。治国必先治党，治党务必从严，从严必依法度。党内法规对于年轻干部而言，就是行动遵循和实践指引。党内法规禁止的，坚决不能触及；党内法规要求的，不折不扣践行。年轻干部贯彻落实习近平总书记“讲规矩、守底线”的重要指示，关键在于学好党内法规、掌握党内法规、践行党内法规，严格落实党内法规有关要求，确保依规办事、照章办事。

（一）系统学习党内法规理论知识

2021 年 7 月 1 日，习近平总书记在庆祝中国共产党成立 100 周年大会上宣布，我们党已经“形成比较完善的党内法规体系”。这一制度建设重大成果来之不易，是我们党 100 年来持续推进建章立制特别是党的十八大以来全面深化党的建设制度改革的结果；这一党的建设重要成就彪炳史册，是党的建设史特别是党内法规制度建设史上的一个重要里程碑，标志着党内法规制度建设由此迈入高质量发展新阶段，全面从严治党、依规治

党站在新的历史起点上；这一基础性制度支撑事关根本，为保证全党团结统一、行动一致，为党统揽“四个伟大”提供了坚强有力的制度保障，对于党以史为鉴、开创未来，团结带领全国人民实现中华民族伟大复兴具有重要意义。

截至2021年7月1日，全党现行有效党内法规共3615部，基本上形成了以党章为核心，以党的组织法规、党的领导法规、党的自身建设法规、党的监督保障法规为分支的“1+4”的党内法规体系基本框架。其中，党中央制定的中央党内法规211部，中央纪律检查委员会以及党中央工作机关制定的部委党内法规163部，省、自治区、直辖市党委制定的地方党内法规3241部。党内法规使用党章、准则、条例、规定、办法、规则、细则7类名称，现行有效党内法规中，党章1部，准则3部，条例43部，规定850部，办法2034部，规则75部，细则609部。我们党形成了一个比较完善的党内法规体系，并以此为主干形成了一套系统完备的党的制度，这在世界上是独一无二的，彰显出中国共产党作为世界上最大的政党具有的大党的气派、大党的智慧、大党的治理之道。坚持依规治党、加强党内法规制度建设，是“中国之治”的一个独特治理密码，也是中国特色社会主义事业不断繁荣昌盛、兴旺发达的重要原因之一。

对于年轻干部而言，做到“讲规矩、守底线”的前提是“知规明规”，即系统地、准确地、全面地学习和掌握党内法规知识体系。广大年轻干部要深入学习贯彻习近平总书记关于制度治党、依规治党的重要论述，进一步增强学习贯彻党内法规制度的思想自觉、政治自觉和行动自觉，切实强化党规意识，要认真抓好学习，把学习党内法规作为党史学习教育活动的重要内容，逐段逐句学习，逐条逐项对照，主动检视、找准差距、补齐短板，真正把党规党纪刻印于心、落实于行。学习党内法规知识是全党的任务，广大年轻干部要积极参与其中，不仅要学习党内法规制度的条文规定、更要学习蕴含其中的设计理念，既要学习某一领域法规制度、也要从党内法规制度体系全局角度去审视。只有真正知规懂规，才能切实做到“讲规矩、守底线”。

（二）严格遵守党内法规基本要求

制度建立之后，执行关乎根本。党内法规制度的生命力在于执行。唯有确保各层级各领域党内法规从成文纪律规章高质量转化为实际行动约束与行为指引，才能真正实现“以党内法规规范党的领导和党的建设活动”的立规初衷和治党目标。年轻干部是推动党内法规实施落地的主体力量。年轻干部严格遵守党内法规要求、严格落实党内法规精神，对于保证全党团结统一、步调一致，确保我们党始终成为中国特色社会主义事业坚强领导核心具有重大现实意义。正如习近平总书记指出：“有了好的制度如果不抓落实，只是写在纸上、贴在墙上、锁在抽屉里，制度就会成为稻草人、纸老虎。”[①]当前，我们党已经“形成比较完善的党内法规体系”，制度治党、依规治党的“四梁八柱”已经建立起来，涉及党员干部政治建设、思想建设、组织建设、作风建设、制度建设、纪律建设以及反腐败等各个领域的基础主干性党内法规已经稳步出台，这些党内法规就是年轻干部行动的基本遵循和实践指引。广大年轻干部在遵守党内法规、落实党内法规要求的过程中要保持高度责任感。责任体现于认真，更体现于实践。年轻干部心中始终要有法律红线不可逾越、法律底线不可触碰的理念，带头遵守法规制度，带头执行法规制度，带头营造办事依法、遇事找法、解决问题用法、化解矛盾靠法的法治环境。要坚持以党章为根本遵循。党章规定了党的理

① 宋功德、张文显：《党内法规学》，高等教育出版社 2020 年版，第 334 页。

想信念、宗旨意识、组织保障、行为规则、纪律约束等基本内容，全党必须一体严格遵行。每一名年轻干部都要无条件地履行党章规定的义务，遵守党的纪律。年轻干部要牢固树立党的观念，学习党章、遵守党章、贯彻党章、维护党章，加强党性修养，共同遵守党内法规体系。

党的十八大以来，以习近平同志为核心的党中央高度重视党内法规制度建设，坚持依法治国与制度治党、依规治党统筹推进、一体建设。不断完善党内法规制度体系的框架，进一步夯实全面从严治党的制度基础，党内法规制度建设得到全面加强，建设成果显著。这不仅是我们党的自身建设的光辉成就和巨大收获，同时对于广大年轻干部而言也是一种幸运和机遇。依靠这一整套内容科学、程序严密、配套完备、运行有效的党内法规体系，年轻干部能够“行有所指、言有所依”，自身工作的科学性和合理性得以进一步提升。“善禁者，先禁其身而后人；不善禁者，先禁人而后身。”作为党的干部，在日常工作中要坚持以上率下、以身作则，把严守政治纪律和政治规矩摆在首要位置，突出党内法规制度，将问题意识和目标意识相统一，带头遵规学规守规用规，切实抓紧抓实抓细抓小，努力营造出遵规守规的良好氛围。年轻干部把党内法规遵守好落实好，就是最根本的“讲规矩、守底线”。

四、查漏补缺常自省，守纪意识是保障

讲规矩、守底线不仅是一种行为遵循，更是一种价值坚守。任何人都不可能凡事都做到尽善尽美，在工作中生活中难免会有失误、会有过错。面对这种情况，关键在于能否培养起主动自省的意识习惯。对于年轻干部而言，养成经常性“自重、自省、自警、自励”的习惯才是最难能可贵的。拥有自省思维、善于反思的人，能够对自己做过的工作和事情加以客观考

量，发现不足、查漏补缺，并且在后续工作中及时纠正错误、规避过失，避免“再次踏入同一条河流”。同时，通过自我审视，年轻干部可以不断培养和巩固自身纪律意识，牢固养成遵规守纪的行为习惯。

（一）养成经常自省良好习惯

孔子曰：“见贤思齐焉，见不贤而内自省也。”曾子曰：“吾日三省吾身，为人谋而不忠乎？与朋友交而不信乎？传不习乎？”这两句话充分指明了自省意识对于一个人发展的重要性。自省是一种对自身的爱护与尊重，是通过自我反省以发现自身不足继而不断完善和纠正的过程。年轻干部只有自己尊重自己，才能获得人民群众的尊重。为此，要学会珍视自己的政治身份，时刻打扫政治灰尘，永远保持一身干净、一尘不染，维护党和自己的干净形象。古人云：“日省其身，有则改之，无则加勉。”自省能够使人进步。年轻干部要勇于进行自我批评，要敢于正视自身错误，要勤于进行自我修正，在不断地取长补短、扬长优势中取得进步，获得成长，继而更好地向目标前行。当前的社会生活五光十色，外部环境纷繁复杂，处处存在危机与挑战。一些年轻干部在取得一定权力、担任一定职务之后，就逐渐放松警惕意识、卸下警戒之心，热衷于灯红酒绿、声色犬马、权力财富，久而久之逐渐养成贪图享乐、不愿吃苦、以权谋私的病态心理，最终走上违法犯罪道路，沦为“阶下囚”。还有一些年轻干部，尽管自己一开始没有主动违纪违规，但防范意识不强、防范心理较弱，面对身边一些别有用心的人的“围猎”也毫无防备、不明事理，最后稀里糊涂就沦为别人的“棋子”。以上种种现象，究其根本原因，就在于年轻干部没有养成经常自省的习惯，不能清醒认知自我、看清形势，最终走上违规违纪道路。因此，广大年轻干部要下意识培养自省自察、自我审视的良好习惯，要认真贯彻“照镜子、正衣冠、洗洗澡、治治病”的总要求，时刻保持警惕之心、客观认知自我优劣、清醒把握外部形势，确保自己的言行举止都能符合党纪国法基本要求。

（二）敢于担当及时查漏补缺

年轻干部培养自省意识的目的是为了发现自身不足、找出自身问题、及时查漏补缺，把工作损失降低到最小化，并且避免在后续工作中再次“踩雷”。由此可见，自省意识的最终落脚点在于“查漏补缺、敢于担当、纠正过失”。正如习近平总书记指出：“党的干部必须坚持原则、认真负责，面对大是大非敢于亮剑，面对矛盾敢于迎难而上，面对危机敢于挺身而出，面对失误敢于承担责任，面对歪风邪气敢于坚决斗争。”①工作失误和过失过错是不可避免的。任何人在工作中都可能犯错，特别是在尝试新思路、探索新领域、检验新办法的改革过程中，党员干部难免会面临失误和过错。失败不要紧，关键在于面对失败和挫折时，要有敢于直视和勇敢担当的勇气。对于年轻干部而言，有多大担当才能干多大事业，尽多大责任才会有多大成就。面对工作失误和个人过失，年轻干部要下定决心、担当作为，立足实际、勇于创新，打开眼界、转换思路。只要多想办法、多动脑筋，不怕困难、积极作为，就一定能跨过这道坎，开创新的发展局面和工作格局。还有一些年轻干部，明知道自己某些行为可能违反了纪律规定，但仍然心存侥幸，不及时主动向组织报告坦白，试图浑水摸鱼蒙混过关。这就是一种不敢担当、一己私心、不讲规矩的表现。年轻干部如果面对自身过错“不知悔改”，对于党的事业而言是一种“二次伤害”，会严重贻误发展机遇和良好局面。新时代是担当者、奋斗者的时代，广大年轻干部要不忘初心、牢记使命，用实际行动来书写党的事业的发展新篇章。

①《习近平总书记重要讲话文章选编》，中共中央文献研究室2016年版，第58页。

（三）牢固树立遵规守纪意识

马克思主义唯物观告诉我们，物质决定意识，意识对物质有能动的反作用。年轻干部做到讲规矩、守底线，是一种实践层面的行为活动，而影响和决定这种实践活动的重要因素即是年轻干部自身的意识取向。简言之，年轻干部能否牢固树立遵规守纪意识，决定着他们在实践上能不能做到讲规矩、守底线。因此，广大年轻干部要把培育和树立遵规守纪意识作为自身的一项永恒课题，久久为功、持之以恒、常抓不懈。思想建设是党的基础性建设。现实生活中，一些年轻干部规矩意识不强，在错误观念的支配下，对党的纪律和规矩不以为然，出现了各种不守纪律、不讲规矩的现象。比如一些年轻干部做事不讲程序、不守章法、随心所欲，想怎么干就怎么干；一些年轻干部法纪观念淡薄，不坚持民主集中制，存在搞特权、谋私权、滥用权等现象；一些年轻干部明知该领域有相关纪律规定，但为图省事、求简便，以传统的经验做法直接处置，等等。这些现象的存在，充分说明当前一些年轻干部守纪意识淡漠、无视纪律规章，把个人意志凌驾于组织之上。对此，广大年轻干部要引以为戒，牢固树立规矩意识，严格操守、做政治上的"明白人"，做守纪律讲规矩的模范，让"讲规矩、守底线"成为一种习惯和自觉。在为官、处事和做人等方面认真学习"规矩"、切实践行"规矩"、坚持维护"规矩"，在思想、工作和生活等各方面牢固树立"边界"意识和"红线"意识，让"讲规矩、守底线"成为一种自觉遵循。年轻干部只有把好思想建设的"总开关"，牢固树立遵规守纪意识，才能在行动上坚强有力，才能以更加自信的底气和更加坚决的态度贯彻好落实好习近平总书记关于纪律建设的重要精神指示。

延伸阅读

党的纪律和规矩面前绝无“免死金牌”

黄克功，江西南康人，1927年参加革命，1930年加入红军，不久加入中国共产党。经历过井冈山斗争和二万五千里长征且在长征中立过大功，年仅26岁就已是身经百战的红军团级干部。红军到达陕北后，进入延安抗日军政大学学习，随后留校任职，先后任军政大学第一五队、第六队队长。但自恃年轻有为，立过战功，比较骄横。

刘茜，原名董秋月，山西定襄人，是民族解放先锋队负责人。卢沟桥事变爆发后，她积极响应党的抗日号召，毅然舍家弃学来到延安。进入“抗大”黄克功任队长的第十五队学习。二人相识并经短期接触，经常通信往来，渐涉恋爱，感情尚好。

1937年9月，陕北公学成立，“抗大”第十五队全体人员拨归陕北公学，不久黄克功被调回“抗大”转任第六队队长。以后两人接触少了，关系渐渐疏远起来。但黄克功依然对刘茜追求不已，还数次给刘茜送花、赠礼。同时，他看到刘茜与其他男同学有来往，便心怀嫉妒，写信责备刘茜，并迫切要求立即结婚。10月5日晚饭后，黄克功以单独谈话为名约刘茜到河边散步。黄克功交谈中要求公开宣布结婚，刘茜却以坚决的态度和严厉言辞断然表示抗拒。气愤之下，黄克功立即拔出手枪对刘茜进行威胁恫吓。两人的冲突迅速激化，黄克功失去理智，竟然以消灭敌人的枪弹对准革命同志扣动扳机，刘茜被击倒在地。她忍着伤痛大呼救命。然而，黄克功却愈发像一头发疯失控的狮子，残暴地再次举枪朝刘茜的头部补了一枪。刘茜当即被打死。10月6日下午，“抗大”政治部找黄克功谈话，随即将其隔离控制起来。

中共中央、中央军委、边区政府对这一案件高度重视。经党中央同意，延安各单位围绕这一案件组织讨论。大家的很多议论集中起来不外乎两种。一种看法：黄克功身为老革命、老红军、老共产党员，强迫未达婚龄的少女与其结婚，已属违法，采取逼婚手段，更违犯了边区婚姻自主原则。他不顾国难当头，个人恋爱第一，达不到目的就丧心病狂地杀害革命同志，这无异帮助民族敌人，实属革命阵营的败类。他触犯了边区刑律，破坏了红军铁的纪律，应处极刑，以平民愤。第二种看法：黄克功犯了死罪，从理论上说应该处以死刑。不过，在这样的国难时期，应该珍惜每一个像黄克功这样年轻有为、曾屡建战功的有用人才，他杀死刘茜，已经损失了一份革命力量，我们再杀黄克功，又失去一份革命力量。应该免除死刑，叫他上前线去戴罪杀敌，让他的最后一滴血为中华民族解放而流。

黄克功被捕认罪后，也曾幻想党和边区政府会因为他资格老、功劳大，对他从轻处罚。他还写信给毛泽东，除对自己的罪行进行忏悔外，请求法院姑念他多年为革命事业奋斗，留他一条生路。毛泽东认为：黄克功是一个能征善战的勇将，但若因其曾立大功而赦免，那天下人将会怎样看共产党？毛泽东怒道："这是什么问题？这是什么问题！这样的人不杀，我们还是共产党吗？"但是，有位领导人考虑到黄克功的历史功绩，仍然向毛泽东请求赦免黄克功的死刑，结果被毛泽东断然拒绝，还被狠狠批评了一顿。毛泽东认为，只有依纪依法办事，毫不留情地予以惩罚和打击，才能以儆效尤，不使这种情况再度发生；只有言必信，行必果，才能取信于民。

最终，边区高等法院依据党的纪律和相关法律规定，判处黄克功死刑并立即执行。此案从办理、侦破、审理、判决到执行不到一周，从办案速度、实效上，都显示了中国共产党义无反顾地清除党内腐化堕落分子的坚定决心，也充分体现了边区在特定历史条件和战争环境下对于党的纪律规章和法律法规的坚守和尊重。

——孟红：《"黄克功案"始末及其引发的思考》人民网 2015 年 3 月 11 日

第六章

勤学苦练 增强本领

经典语录

中国共产党人依靠学习走到今天，也必然要依靠学习走向未来。我们的干部要上进，我们的党要上进，我们的国家要上进，我们的民族要上进，就必须大兴学习之风，坚持学习、学习、再学习，坚持实践、实践、再实践。全党同志特别是各级领导干部都要有加强学习的紧迫感，都要一刻不停地增强本领。

——2013 年 3 月 1 日，习近平在中共中央党校建校 80 周年庆祝大会暨 2013 年春季学期开学典礼上的讲话

“学者非必为仕，而仕者必为学。”2021 年 9 月 1 日，习近平总书记在中央党校（国家行政学院）中青年干部培训班“开学第一课”上强调，年轻干部精力充沛、思维活跃、接受能力强，正处在长本事、长才干的大好时期，一定要珍惜光阴、不负韶华，如饥似渴学习，一刻不停提高。这一论述饱含着对年轻干部的殷切期望，既是对年轻干部的激励，更是对年轻干部的鞭策。当前，世界正经历百年未有之大变局，我国正处于实现中华民族伟大复兴的关键时期。面对难以预判的风险与挑战、错综复杂的矛盾与问题，广大干部特别是年轻干部必须勤学苦练、增强本领，才能及时洞察、科学预判、有效应对，才能赶上时代潮流，创造出无愧于时代、无愧于历史的光辉业绩。

第一节
充分认识勤学苦练、增强本领的重要意义

学习是文明传承之途、人生成长之梯、政党巩固之基、国家兴盛之要。新时代年轻干部勤学苦练、增强本领，具有非常重要的现实意义。年轻干部是我国实现第二个百年奋斗目标的重要力量，其能力水平在很大程度上影响着党的领导水平和执政能力，影响着党和国家各项事业的发展水平。新时代广大年轻干部只有通过勤学苦练、增强本领才能在新时代的广阔舞台实现自己的人生理想，施展自己的学识才华，才能更好地履职尽责，才能推动建设学习型政党，才能有效应对各种风险挑战。

一、勤学苦练、增强本领是更好履职尽责的迫切需要

年轻干部勤学苦练、增强本领是更好地履职尽责，更好地完成自身所承担的任务，更好地推动党和国家各项事业向前发展的重要途径。德才兼备的干部队伍特别是年轻干部在完成党在各个时期的历史重任中发挥着至关重要的作用。新民主主义革命时期，年轻干部通过学习马克思主义理论，坚定革命理想，并努力将马克思主义与中国实际紧密结合，探索并坚定走适合中国国情的革命道路；通过学习军事本领，掌握科学的军事策略与方法，成为“召之即来，来之能战，战之能胜”的革命战士。毛泽东指出，“我们要建设大党，我们的干部非学习不可”，提倡“要把全党变成一个大学校”，要求“共产党员都应成为学习的模范”。毛泽东特别强调学风的问题，强调共产党人要有正确的学习态度，即理论联系实际的马克思主义学风，认为学风问题关系到革命事业的兴衰成败。毛泽东在《〈共产党人〉发刊词》中提出：“努力建设一

个全国范围的、广大群众性的、思想上政治上组织上完全巩固的布尔什维克化的中国共产党。”① 他号召广大党员干部发扬“活到老，学到老”的精神。

社会主义革命和建设时期，年轻干部通过对社会主义建设规律的不断探索，夯实建设社会主义工业化的本领。在党的七届二中全会上，毛泽东告诫全党，夺取全国胜利，只是万里长征走完了第一步，中国的革命是伟大的，但革命以后的路更长，工作更伟大、更艰苦。面对艰巨繁重的建设任务，毛泽东号召全党要努力学习过去不熟悉的东西，尽快学习经济建设和治理国家的全新本领。改革开放和社会主义现代化建设时期，年轻干部通过学习和掌握中国特色社会主义理论，不断推进改革开放和中国特色社会主义建设事业。1980 年 1 月 16 日，邓小平在干部会议上强调：“我们的干部队伍，必须坚持社会主义道路”“但是，只靠坚持社会主义道路，没有真才实学，还是不能实现四个现代化。”邓小平认为，加强学习，提高干部的马克思主义水平和工作能力，这是纠正错误，少犯错误和避免犯大错误的思想保证。因为改革开放、建设中国特色社会主义同样没有现成经验可搬。“在不断出现的新问题面前，我们党总是要学，我们共产党人总是要学，我们中国人民总是要学，谁也不能安于落后，落后就不能生存。”② 通过学习，重新恢复确立了党的解放思想、实事求是的思想路线，实现了党的工作重心的转移，开辟了中国特色社会主义的新道路。同时，他强调当时全党学习的根本“是要学习马列主义、毛泽东思想，要努力把马克思主义的普遍原则同我国实现四个现代化的具体实践结合起来”。③

中国特色社会主义进入新时代，年轻干部勤学苦练、增强本领，才能

①《毛泽东选集》（第二卷），人民出版社 1991 年版，第 602 页。

②《邓小平文选》（第二卷），人民出版社 1993 年版，第 269、270 页。

③《邓小平文选》（第二卷），人民出版社 1993 年版，第 269、270 页。

更好地为人民对美好生活的向往而奋斗。习近平总书记指出：“每个共产党员都要弄明白，党除了人民利益之外没有自己的特殊利益，党的一切工作都是为了实现好、维护好、发展好最广大人民根本利益。”①当前，我国社会主要矛盾已经转变为人民日益增长的美好生活需要和不平衡不充分的发展之间的矛盾。人民期盼有更好的教育、更稳定的工作、更满意的收入、更可靠的社会保障、更高水平的医疗卫生服务、更舒适的居住条件、更优美的环境、更丰富的精神文化生活。这些新向往、新需求、新期待对年轻干部履职尽责的能力水平提出了更高要求。习近平总书记强调：“我们处在前所未有的变革时代，干着前无古人的伟大事业，如果知识不够、眼界不宽、能力不强，就会耽误事。”②年轻干部必须不断学习马克思主义理论特别是新时代党的创新理论，学习中国共产党走过的矢志践行初心使命、筚路蓝缕奠基立业、创造辉煌开辟未来的百年历程，学习多媒体大数据时代与本行业本职位相关的新知识新技能，才能不断完善履职尽责必备的知识体系，提升履职尽责的能力，更好地承担起实现中华民族伟大复兴的历史重任。

二、勤学苦练、增强本领是建设学习型政党的题中之义

中国共产党是一个既重视学习又善于学习的政党。学习是中国共产党保持强大创造力和旺盛生命力的重要原因之一。建设马克思主义学习型政党是当今时代的客观要求，是我们党的性质宗旨的内在要求，是解决我们党面临问题的现实要求。中国共产党在革命、建设、改革各个历史时期，

①习近平：《在“不忘初心、牢记使命”主题教育工作会议上的讲话》，《求是》2020年第13期。

②《习近平在中央党校（国家行政学院）中青年干部培训班开班式上发表重要讲话强调　信念坚定对党忠诚实事求是担当作为　努力成为可堪大用能担重任的栋梁之才　王沪宁出席》，新华社北京2021年9月1日电。

能够不断发现问题、不断修正问题、不断发展壮大，其中的一条重要经验就是我们党重视学习，并且善于学习。学习是党取得胜利的法宝，是党的光荣传统和优良作风。党的十九大报告指出："要增强学习本领，在全党营造善于学习、勇于实践的浓厚氛围，建设马克思主义学习型政党，推动建设学习大国。"[①]党的十九大闭幕后，十九届中央政治局首次集体学习，习近平总书记向全党发出号召："把学习贯彻党的十九大精神作为第一堂党课、第一堂政治必修课""贯彻落实党的十九大精神，在新时代坚持和发展中国特色社会主义，要求全党来一个大学习。"[②]党的二十大报告强调，组织实施党的创新理论学习教育计划，建设马克思主义学习型政党。新时代年轻干部要站在建设学习型政党、提高党的领导水平与执政能力、不断巩固马克思主义政党先进性的历史高度上，勤学苦练、增强本领。

学习型政党是用科学理论武装起来的政党。年轻干部只有通过勤学苦练、增强本领，才能用马克思主义理论和中国化的马克思主义武装头脑。对马克思主义执政党的科学认识建立在对马克思主义的深刻理解之上，建立在对历史规律的深刻把握之上。年轻干部的一项重要任务，就是通过学习持续推进马克思主义中国化、时代化、大众化，不断提高自身的马克思主义理论水平，为党的事业提供永不枯竭的精神力量。学习型政党是具有世界眼光的政党。年轻干部只有通过勤学苦练、增强本领，才能培养自身的世界眼光，认识到中国的社会主义运动和中华民族的独立富强都不是脱离世界而孤立存在和发生的，从而为中国的建设带来世界经验。学习型政党是善于把握规律的政党。

① 习近平：《决胜全面建成小康社会　夺取新时代中国特色社会主义伟大胜利——在中国共产党第十九次全国代表大会上的报告》，新华社北京 2017 年 10 月 27 日电。

② 习近平：《切实学懂弄通做实党的十九大精神　努力在新时代开启新征程续写新篇章》，《人民日报》2017 年 10 月 29 日，第 1 版。

年轻干部只有通过勤学苦练、增强本领，才能培养和弘扬科学精神和科学态度，从而在实践中不断深化对社会主义建设规律、党的执政规律和人类社会发展规律的认识，不断增强按客观规律办事的自觉性，不断增强决策的科学性，不断提升政策执行的效率，进而持续保持党的先进性。

党的先进性不是一劳永逸的，过去先进不代表现在先进，现在先进也不代表永远先进。建设学习型政党，保持党的先进性，要依靠不断创新的精神。年轻干部只有通过勤学苦练、增强本领，才能始终保持改革创新的时代精神，才能不断推进理论创新、实践创新、制度创新、文化创新以及其他各方面创新。“惟创新者进，惟创新者强，惟创新者胜。”广大干部特别是年轻干部要勇于创新、善于创新，要不断提高自身的创新思维能力。习近平总书记反复倡导，“建设一支政治过硬、专业过硬、能吃苦、富有开拓创新精神的干部队伍”。[①] 世界百年未有之大变局和中华民族伟大复兴战略全局为年轻干部提出了新课题、新要求。年轻干部必须认识到，学习型政党的建设只有起点，没有终点。建设学习型政党，既离不开全党的大学习，也离不开年轻干部自觉主动地学习。年轻干部必须始终保持高度的思想自觉和行动自觉，深刻认识到自身勤学苦练、增强本领的重要价值，才能为把我们党建设成用科学理论武装、具有世界眼光、善于把握规律、富有创造精神的马克思主义学习型政党贡献自己的力量。

三、勤学苦练、增强本领是应对风险挑战的必然要求

中国共产党成立一百年来，领导人民创造了以少胜多、以弱胜强的战争奇迹，创造了经济快速发展奇迹和社会长期稳定奇迹，一次次让不可能

① 习近平：《稳扎稳打勇于担当敢于创新善作善成　推动京津冀协同发展取得新的更大进展》，《人民日报》2019年1月19日，第1版。

成为可能。我们党之所以能够站在时代潮头、引领风气之先，能够应对复杂形势、完成艰巨任务，一个关键因素就在于党注重学习总结和吸收借鉴，不断增强革命、建设、改革所需要的实际本领。中国共产党就是在不断应对、化解和战胜各种风险挑战中成长成熟壮大的。中国特色社会主义进入新时代，形势和任务发生了前所未有的重大变化，这些变化带来的风险挑战也前所未有。要推进建设中国特色社会主义现代化强国的事业，必须有效应对前进道路上的各种风险挑战，这对广大干部特别是年轻干部的能力水平提出了更高的要求。年轻干部生逢伟大时代，是党和国家事业持续发展的生力军，是新时代全面建设社会主义现代化国家的中流砥柱，面对复杂的国际环境以及改革发展稳定的艰巨任务，是否具备有效应对风险挑战的能力，关乎党和国家事业发展全局。

无论是自然界还是人类社会，风险挑战无时不有，无处不在。当今世界正经历百年未有之大变局，外部环境的不稳定性和不确定性持续增加，国际形势复杂多变的特点分外突出。新一轮科技革命和产业变革深入发展，国际力量对比深刻调整。随着综合国力迅猛增长，中国参与地区和国际事务的能力进一步增强，走近世界舞台中央的步伐进一步加大。当前，中国特色社会主义进入新时代，中华民族伟大复兴进入关键时期，我国已经进入“十四五”时期。进入新发展阶段，贯彻新发展理念，构建新发展格局，面临的新矛盾、新问题会越来越多样、越来越复杂。从我国与外部世界的关系来看，“中国需要世界”和“世界需要中国”已经成为国际社会普遍共识。“中国走向世界”与“世界走向中国”的良性互动持续加强，“中国深刻改变自己”的同时，进一步“深刻地影响世界”。我国具备持续发展的多方面优势和条件，但发展不平衡不充分的问题仍然突出，我们在前进道路上仍面临许多风险和挑战。风险越大、挑战越多、任务越重，年轻干部越要勤学苦练、增强本领。

从我们党自身的发展来看，广大干部特别是年轻干部还面临着执政考验、改革开放考验、市场经济考验、外部环境考验，存在着精神懈怠的危险、能力不足的危险、脱离群众的危险、消极腐败的危险。应对“四大考验”，化解“四大危险”，要求广大干部特别是年轻干部必须清醒认识党内存在的各种突出问题，清醒认识到作为党员干部自身存在的各种突出问题，客观分析这些突出问题为自身能力水平的提升和党的事业发展带来的困难和挑战，认真思考应对困难和挑战的有效方法。新时代如何在危机中育新机、在变局中开新局，是我国改革、发展、稳定所面临的重大课题。年轻干部不仅要通过勤学苦练，及时掌握有效防范化解各种风险挑战，特别是有效防范化解重大风险挑战的实践经验和科学方法，而且必须通过增强本领，提高能力水平，做到主动化解风险挑战、主动防范风险挑战。年轻干部要秉持“踏平坎坷成大道，斗罢艰险又出发”的精神，通过勤学苦练、增强本领，做到“不畏浮云遮望眼”，战胜前进道路上的各种风险挑战，更好地开启全面建设社会主义现代化国家新征程。

延伸阅读

关于“三天不学习，赶不上刘少奇”说法的由来

“三天不学习，赶不上刘少奇”——毛泽东的这句话曾经在社会上广为流传。毛泽东是何时开始讲的，具体是怎么讲的，现在很难考证了。曾经在毛泽东等中央领导身边工作过的韩桂馨回忆说：

解放战争开始后，毛泽东、周恩来、任弼时留在陕北继续指挥全国的战争。刘少奇、朱德率中央工作委员会来到西柏坡进行中央委托的工作。

在西柏坡，形势相对就稳定了，每周就有一次舞会，在舞会上，作为领导身边工作人员，可以请中央首长跳舞。有一次，我请刘少奇跳舞，利用这个机会，刘少奇向青年们提出说要好好学习，多学本领，更好地为人民服务。当时大家都知道少奇同志最大的特点就是爱学习，对我们青年，也是教育大家重视学习，当时在我们青年中流传着毛主席说的一句话："三天不学习，赶不上刘少奇。"

近来，刘少奇之子刘源在回忆中是这么说的："这个说法我也听过，毛主席肯定是这样讲了，而且讲了不止一次。但是在哪一次讲话里讲的，具体怎么讲的，就不是很清楚了。在'文化大革命'中，还重点批过这个话呢，但是毛主席并没有否认过。"（见《百年潮》2010年第7期）

——选自史全伟：《毛泽东为何说"三天不学习，赶不上刘少奇"》，《北京日报》2010年9月13日02版

第二节
准确把握勤学苦练、增强本领的核心要义

"盖有非常之功，必待非常之人。"新时代的广阔舞台，呼唤博学多才、本领高强的前行者和奋斗者。年轻干部身处时代大潮，要想成为时代的弄潮儿，必须勤学苦练、增强本领，紧紧抓住学习之要，明确学习内容，坚持干什么学什么、缺什么补什么。同时，年轻干部要开阔视野，拓展学习领域，广泛涉猎各个方面的专业理论知识，努力成长为行家里手和多面手。新时代年轻干部只有勤学苦练、增强本领，才能做到自身正、自身净、自身硬，确保既想干事、能干事，又干成事、不出事，才能不辜负党和人民的殷切期望。

一、明确学习内容，确保学习效果

年轻干部勤学苦练、增强本领，首先要明确学习内容，确保学习效果。在信息化时代，新事物新情况层出不穷，人们获取知识信息的渠道也更加多元。如何在令人眼花缭乱的“信息浪潮”中去粗取精、去伪存真，学到真正有用的知识，对广大干部特别是年轻干部是一个重要考验。年轻干部在学习过程中要做到有的放矢，目标明确，把握学习规律，明确学习重点，而且要学深悟透、领会要义，时刻以实践检验学习效果。

（一）学习马克思主义理论

马克思主义是关于全世界无产阶级和全人类彻底解放的学说。广大干部尤其是年轻干部要真正学习掌握马克思主义哲学、马克思主义政治经济学和科学社会主义，尤其要掌握辩证唯物主义和历史唯物主义，掌握贯穿其中的马克思主义立场、观点、方法，深入认识共产党执政规律、社会主义建设规律、人类社会发展规律。马克思主义是中国共产党人“创业起家”的指导思想，是指导中国革命、建设和改革的根本理论依据，也是广大干部的“看家本领”。年轻干部要深刻理解马克思主义普遍真理与中国具体实践相结合的历史进程和理论规律，从党的非凡历程中领会马克思主义是如何深刻改变中国、改变世界的，感悟马克思主义的真理力量和实践力量，进一步深化对中国化马克思主义既一脉相承又与时俱进的理论品质的认识。

（二）学习党的创新理论

认真学习党的创新理论是党员干部理论武装的重中之重。我们党的历史，就是一部不断推进马克思主义中国化时代化的历史，就是一部不断推进理论创新、进行理论创造的历史。一百多年来，我们党不断开辟马克思主义中国化时代化新境界，创立了毛泽东思想、邓小平理论，形成了“三个代表”重要思想、科学发展观，创立了习近平新时代中国特色社会主义思想，为党和人民事业发展提供了科学理论指导。年轻干部要深刻学习领会新时代党的创新理论，多思多想、学深悟透，知其然又知其所以然，坚持不懈用党的创新理论最新成果武装头脑、指导实践、推动工作。要在真学真懂真信真用习近平新时代中国特色社会主义思想上狠下功夫，认认真真读原著、学原文、悟原理。年轻干部要在解放思想中统一思想，在深化认识中提高认识，做到学思用贯通、知信行统一，提高运用党的创新理论武装头脑、指导实践、推动工作的能力。

（三）学习“四史”

以史为鉴，可以知兴替。“四史”内容各有侧重，但整体上就是中国共产党为人民谋幸福、为民族谋复兴、为世界谋大同的实践史。年轻干部要认真学习党史、新中国史、改革开放史、社会主义发展史，学习党史上的重大事件、重要会议、重要文件、重要人物等。毛泽东曾经深刻指出，如果不把党的历史搞清楚，便不能把事情办得更好。年轻干部通过学习“四史”，可以深刻认识中国共产党为什么能、中国特色社会主义为什么好、马克思主义为什么行，不断增强自身把握历史规律的自信与自觉、能力与本领。历史最伟大的力量在于能够使人一览过往、明确得失、总结规律、指引未来。学习“四史”能够帮助年轻干部更好地总结历史经验、笃定信仰信念、传承红色基因，这对于确保党的干部队伍始终保持先进性和纯洁性具有重大实践意义。

（四）学习基础性知识

“青春虚度无所成，白首衔悲亦何及。”年轻时代是掌握基础性知识的黄金时期。广大年轻干部要紧紧抓住这个学习知识、夯实基础的黄金时期，端正学习态度、合理安排时间、科学制定计划，广泛涉猎经济、政治、法律、文化、社会、管理、生态、国际、哲学、历史、文学等各方面的理论知识，不断巩固基础性知识，进而筑牢干事创业的专业基础，逐步成长为党和国家所需要的栋梁之材。从理论层面上来讲，年轻干部要掌握的基础知识包括：所学专业的基本概念、基本理论、基本方法、基本原理等。从实践层面上来看，年轻干部要掌握的基础知识包括：所从事具体工作的基本制度、基本工作流程、基本工作方法、基本工作方式、基本工作职能等。当然，现实环境的复杂性和工作岗位的特殊性决定了年轻干部在工作实践中必然面临着更加多元的局面，年轻干部要坚持实践导向，努力学习有助于自身发展的一切基础性知识。

（五）学习新知识新技能

当前，我们身处一个知识迅速增加、信息不断更新的智能化时代，新情况、新事物、新领域、新技能不断涌现。唯有掌握新知识、学习新技能才能解决新问题、应对新挑战。广大干部特别是年轻干部如果只是一味依靠过去的传统思路和知识来开展工作，而疏于学习掌握新知识新技能，那么在应对新情况新问题时就缺少相应的方法，容易陷入本领恐慌，甚至被时代所淘汰。因此，广大年轻干部只有不断学习新知识、掌握新本领和新技能，才能打开新思路、开创工作新局面；才能更好地抓住工作的主动权，成为创新型人才，更好地为创新强国、科技强国贡献自己的力量。年轻干部要打开视野、拓展思路，积极主动地学习新知识新技能，不断掌握国内外前沿的、最新的知识、经验和方法，努力把自身锻造成为本领高强、思维开阔、与时俱进的复合型人才。

二、增强九种本领，练好一身功夫

新时代年轻干部唯有不断增强本领，才能更好地干事创业。习近平总书记对年轻干部练好内功、提升修养提出明确要求，“勤学苦练、增强本领”是其中的重要内容之一。具体来看，习近平总书记明确要求广大干部要不断增强九种本领：学习本领、政治领导本领、改革创新本领、科学发展本领、依法执政本领、群众工作本领、狠抓落实本领、驾驭风险本领、斗争本领。这为新时代年轻干部增强执政本领指明了方向，提供了基本实践遵循。

（一）增强学习本领，提高个人素养

古人云：“立身百行，以学为基。”立身当以立学为先，充足的学习和积累是解决实际问题的首要条件。学习是提高素质、增长才干的重要途径，也是做好工作、干好事业的重要基础。没有学习本领，其他本领也就无从谈起。“工欲善其事，必先利其器。”时代在变，知识在更新，年轻干部要善于学习，通过积极主动学习进而不断提升政治素养。广大干部特别是年轻干部要结合工作实际，分析自身存在的短板，找准学习方向、聚焦学习重点、拓宽学习领域、优化学习方法、把握学习规律，不断提高理论素养和专业素养。年轻干部必须要牢固树立学习意识，努力钻研知识，拓展个人视野，为科学应对和高效解决各种问题储备充足知识。乐于学习、善于学习要成为一种习惯、生活方式，保持这种良好的习惯和生活方式有助于年轻干部充分吸收和消化时代的营养，有助于不断提高自身的综合能力。

（二）增强政治领导本领，切实担负政治责任

政治属性是政党第一位的属性。旗帜鲜明讲政治是我们党作为马克思主义政党的根本要求，关乎党的事业兴衰成败。增强政治领导本领是马克思主义政党建设的根本要求，是巩固党的长期执政地位的必然要求。广大干部旗帜鲜明讲政治，必须得有过硬的政治领导本领。习近平总书记指出：“增强政治领导本领，坚持战略思维、创新思维、辩证思维、法治思维、底

线思维，科学制定和坚决执行党的路线方针政策，把党总揽全局、协调各方落到实处。”[①] 新时代年轻干部增强政治领导本领，首先必须要坚决维护党中央权威和集中统一领导，切实做到对党中央在思想上高度认同，政治上坚决维护，组织上自觉服从，行动上紧紧跟随，在政治立场、政治方向、政治原则、政治道路上同以习近平同志为核心的党中央保持高度一致。此外，年轻干部必须要自觉加强政治历练、积累政治经验，在政治历练中不断增强政治领导本领。

（三）增强改革创新本领，保持锐意进取精神

当今世界，惟改革者进，惟创新者强，惟改革创新者胜。改革创新是中国发展进步的强大动力。当前，我国要想更好地改革创新，必然要求广大干部具备过硬的改革创新本领。党的十九大报告指出：“增强改革创新本领，保持锐意进取的精神风貌，善于结合实际创造性推动工作。”年轻干部增强改革创新本领，首先要学懂弄通党中央关于全面深化改革的精神和部署，始终坚持我国全面深化改革总目标的全局引领作用。年轻干部要坚定继续打硬仗的信心和决心，要有“狭路相逢勇者胜”的胆识和魄力，在关键问题上寻求突破，在复杂问题上打开局面。实践多次证明，如果没有人民群众的支持和参与，任何改革都不可能取得成功。所以，年轻干部要始终坚持以人民为中心的发展思想，坚持走群众路线，问计于民、问需于民、问政于民，汇聚起支持改革、参与改革的强大力量。

（四）增强科学发展本领，开创发展崭新局面

发展是我们党执政兴国的第一要务，是解决我国一切问题的基础和关键，发展必须是遵循经济规律的科学发展。中国特色社会主义进入新时代，

① 习近平：《决胜全面建成小康社会　夺取新时代中国特色社会主义伟大胜利——在中国共产党第十九次全国代表大会上的报告》，人民出版社 2017 年版，第 68 页。

我国改革、发展、稳定各项任务繁重，要想实现2035年远景目标、实现中华民族伟大复兴的中国梦，迫切要求广大干部不断增强科学发展本领。新时代年轻干部增强科学发展本领，首先要深刻学习领会习近平新时代中国特色社会主义经济思想，在工作中切实用习近平新时代中国特色社会主义经济思想引领科学发展。年轻干部要完整、准确、全面贯彻新发展理念，积极做新时代新发展理念的践行者。要善于贯彻创新理念，着力实施创新驱动发展战略；善于贯彻协调理念，着力增强发展的整体性协调性；善于贯彻绿色理念，着力推进人与自然和谐共生；善于贯彻开放理念，着力形成对外开放新体制；善于贯彻共享理念，着力践行以人民为中心的发展思想。

（五）增强依法执政本领，建设现代法治国家

“奉法者强则国强，奉法者弱则国弱”。依法治国是我们党领导人民治理国家的基本方式。依法执政是实现依法治国的关键。这必然要求广大干部不断增强依法执政本领。增强依法执政本领，要深入学习贯彻习近平法治思想，把握其核心要义和精神实质，做到学思用贯通、知信行统一，自觉做习近平法治思想的坚定信仰者、积极传播者、模范实践者。实践多次证明，一名干部如果法治意识淡薄，甚至以言代法、以权压法，迟早会“栽跟头”。习近平总书记指出：“领导干部要把对法治的尊崇、对法律的敬畏转化成思维方式和行为方式，做到在法治之下、而不是法治之外、更不是法治之上想问题、作决策、办事情。”年轻干部必须要从内心真正敬畏法律，牢固树立法治思维，自觉做到“法无授权不可为、法定职责必须为”，不断提高运用法治思维和法治方式推动发展、化解矛盾的综合能力。

（六）增强群众工作本领，夯实为民执政底气

江山就是人民，人民就是江山。党的全部执政活动，离不开强有力的群众工作。要想做好群众工作，迫切要求广大干部具备过硬的群众工作本

领。增强群众工作本领，是我们党的性质宗旨的必然要求，是广大干部密切联系群众的迫切需要。党的十九大报告指出，要增强群众工作本领，创新群众工作体制机制和方式方法，推动工会、共青团、妇联等群团组织增强政治性、先进性、群众性，发挥联系群众的桥梁纽带作用，组织动员广大人民群众坚定不移跟党走。新时代年轻干部增强群众工作本领，要时刻把人民群众的安危冷暖放在心上，及时准确了解人民群众的所思、所盼、所忧、所急，把群众工作做实、做深、做细、做透。当前，在做群众工作中，个别干部说话群众听不懂，不能和群众谈心，导致无法推动工作。年轻干部要学会讲“贴心话”“幽默话”，学会用“群众语言”与群众沟通交流。

（七）增强狠抓落实本领，踏石留印抓好落实

为政之要，重在实干；实干之要，重在落实。再好的目标和蓝图如果不抓落实，也只是水中月、镜中花、空中楼阁。我们党的各项工作部署从美好蓝图变为实际成效的“最后一公里”，离不开广大干部过硬的狠抓落实本领。狠抓落实本领是检验一名干部执政本领强弱的重要标尺。在工作中我们看一名干部的执政本领到底怎么样，最终要看其狠抓落实本领怎么样。党的十九大报告指出，增强狠抓落实本领，坚持说实话、谋实事、出实招、求实效，把雷厉风行和久久为功有机结合起来，勇于攻坚克难，以钉钉子精神做实做细做好各项工作。年轻干部增强狠抓落实本领，在工作实践中要有真抓的实劲、敢抓的狠劲、善抓的巧劲、常抓的韧劲，不折不扣地把党的路线方针政策贯彻落实下去，把上级党组织的工作部署落实下去，切实推动各项工作落地生根、取得实效。

（八）增强驾驭风险本领，防范化解各种风险

党和人民的事业越前进越发展，新情况新问题就会越多，面临的矛盾、

风险和挑战就会越多。能否有效化解矛盾、抵御风险、应对挑战，为我国经济社会持续健康发展保驾护航，对广大干部尤其是年轻干部的驾驭风险本领提出了更高的要求。增强驾驭风险本领，是应对未来各种风险挑战的必然要求，是统筹发展与安全的现实需要。党的十九大报告指出，增强驾驭风险本领，健全各方面风险防控机制，善于处理各种复杂矛盾，勇于战胜前进道路上的各种艰难险阻，牢牢把握工作主动权。新时代年轻干部增强驾驭风险本领，要不断增强忧患意识，做到“居安思危、知危图安”，全面提升对各类风险的感知力、洞察力、把控力，在风险挑战面前不回避、不退缩，不断锤炼驾驭风险的高招、实招和硬招，真正做到“任凭风浪起，稳坐钓鱼台”。

（九）增强斗争本领，敢于坚决斗争

社会是在矛盾运动中前进的，有矛盾就会有斗争。实现伟大梦想，必须进行伟大斗争。敢于斗争是我们党的鲜明品格，我们党依靠斗争走到今天，也必然依靠斗争赢得未来。当前，广大干部在工作中遇到的斗争包括多方面，未来我们党要想赢得斗争的伟大胜利，必然要求全党同志不断增强斗争本领，在工作中做敢于斗争、善于斗争的战士。党的二十大报告要求，加强干部斗争精神和斗争本领养成。新时代年轻干部增强斗争本领，首先要牢牢把握正确斗争方向，这个大方向就是坚持中国共产党领导和我国社会主义制度不动摇。年轻干部如果遇到危害党的领导和我国社会主义制度的各种风险挑战，必须要进行坚决斗争。习近平总书记在 2019 年秋季学期中央党校（国家行政学院）中青年干部培训班开班式上发表重要讲话强调，“斗争是一门艺术，要善于斗争。在各种重大斗争中，我们要坚持增强忧患意识和保持战略定力相统一、坚持战略判断和战术决断相统一、坚持斗争过程和斗争实效相统一”。

延伸阅读

习近平的“读书故事”

故事一：带一箱子书下乡

1969年，16岁的习近平在延安开始知青生涯。曾任梁家河村村支书的石春阳回忆有人扛箱子时，拿了习近平一个较小的箱子，以为轻松一些，结果在路上还是落在了后面。等歇息的时候，他随手掂量了一下别人扛的大箱子，才发现远没有自己的沉。他后来才知道，那个箱里面装了一箱子书。

——央视新闻时政微视频《窑洞里的读书人》

故事二：田间地头看字典

“我到农村插队后，给自己定了一个座右铭，先从修身开始。一物不知，深以为耻，便求知若渴。上山放羊，我揣着书，把羊圈在山坡上，就开始看书。锄地到田头，开始休息一会儿时，我就拿出新华字典记一个字的多种含义，一点一滴积累。”

——选自中国新闻网《中国有梦　青春无悔——习近平五四青年节参加主题团日活动侧记》2018年6月22日

故事三：思考“生存还是毁灭”

“我不到16岁就从北京来到了中国陕北的一个小村子当农民，在那里度过了7年青春时光。那个年代，我想方设法寻找莎士比亚的作品，读了《仲夏夜之梦》《威尼斯商人》《第十二夜》《罗密欧与朱丽叶》《哈姆雷特》

《奥赛罗》《李尔王》《麦克白》等剧本。莎士比亚笔下跌宕起伏的情节、栩栩如生的人物、如泣如诉的情感，都深深吸引着我。年轻的我，在当年陕北贫瘠的黄土地上，不断思考着‘生存还是毁灭’的问题，最后我立下为祖国、为人民奉献自己的信念。”

——习近平：《共倡开放包容　共促和平发展——在伦敦金融城市长晚宴上的演讲（2015 年 10 月 21 日，伦敦）》

故事四：30 里借书 30 里讨书

“我年轻时读了不少文学作品，涉猎了当时能找到的各种书籍，不仅其中许多精彩章节、隽永文字至今记忆犹新，而且从中悟出了不少生活真谛。文艺也是不同国家和民族相互了解和沟通的最好方式。……在德国，我讲了自己读《浮士德》的故事。那时候，我在陕北农村插队，听说一个知青有《浮士德》这本书，就走了 30 里路去借这本书，后来他又走了 30 里路来取回这本书。”

——《习近平在文艺工作座谈会上的讲话》2014 年 10 月 15 日

第三节
年轻干部勤学苦练、增强本领的实践要求

事业发展没有止境，学习就没有止境。一名干部学习不学习不仅仅是自己的事情，本领大小也不仅仅是自己的事情，而是关乎党和国家事业发展的大事情。新时代广大干部特别是年轻干部必须要按照习近平总书记的要求“勤学苦练、增强本领”，坚持正确学习方向，明确学习对象，善于学

思结合，做到学以致用，抓实学练重点，真正做到博学之、审问之、慎思之、明辨之、笃行之，努力为实现中华民族伟大复兴的中国梦不懈奋斗。

一、坚持正确方向，牢记方向指引

年轻干部学习的前提是把握正确的学习方向。习近平总书记郑重指出："领导干部学习，要正确把握学习的方向。"一名年轻干部在学习中如果方向错了、偏了，那抓学习就无从谈起。习近平总书记强调："忽视了马克思主义所指引的方向，学习就容易陷入盲目状态甚至误入歧途，就容易在错综复杂的形势中无所适从，就难以抵御各种错误思潮。没有正确方向，不仅学不到有益的知识，还很容易被一些天花乱坠、脱离实际甚至荒唐可笑、极其错误的东西所迷惑、所俘虏。"[①] 新时代年轻干部把握正确的学习方向，就是马克思主义、毛泽东思想和中国特色社会主义理论体系所指引的方向。

（一）以马克思主义引领学习方向

年轻干部勤于学习，要牢牢把握马克思主义所指引的方向，才不会在学习中丧失方向、偏移方向。马克思主义始终站在不同国度，根据具体国情，不断发展创新，成为超越时代、跨越国度、富有永恒魅力的思想理论。马克思主义构建了严密且科学的理论体系，以辩证唯物主义和历史唯物主义阐述了人类社会发展的特点与规律、阐明了社会基本矛盾的运动过程，为认识世界、改造世界提供了强大精神力量；以剩余价值理论深刻揭示了社会经济运动的规律，揭露资本主义的剥削本质，得出资本主义必然灭亡、社会主义必然胜利的结论，指明了实现自由和解放的道路；通过分析社会主义的本质、特征和发展规律，深刻揭示了人类社会发展规律，为人类指

①《习近平谈治国理政》（第一卷），外文出版社 2014 年版，第 406 页。

明了从必然王国向自由王国飞跃的途径。习近平总书记指出：“马克思主义是在批判吸收人类全部知识的基础上产生并且随着时代、实践和科学的发展而不断丰富发展的，是人类迄今为止最先进的思想理论体系。”马克思主义是我们立党立国的根本指导思想，是我们党的灵魂和旗帜，也是指引我们不断夺取革命、建设、改革胜利的强大思想武器。如果背离或放弃了马克思主义，中国共产党就会失去灵魂、迷失方向。同样，年轻干部在学习中如果忽视了马克思主义所指引的方向，就容易在纷繁庞杂的信息海洋里不知所措，就容易在错综复杂的形势变化中无所适从，就容易在各种思潮相互激荡中误入歧途。

新时代年轻干部只有坚持以马克思主义引领学习方向，才能保证道路不偏向、江山不变色，保证国本永固、事业常青。以马克思主义引领方向，首先要做到真懂真信真用马克思主义。只有真懂真信真用，才能坚持马克思主义的立场观点方法所指引的方向。要坚持马克思主义在意识形态领域的指导地位，坚定主心骨、把准定盘星，牢牢坚守共产主义的远大理想。要弘扬实事求是、理论联系实际的作风，不能教条式地对待马克思主义。应立足于当代党和国家事业的实际情况，不断发展马克思主义。恩格斯指出：“马克思的整个世界观不是教义，而是方法。它提供的不是现成的教条，而是进一步研究的出发点和供这种研究使用的方法。”要主动运用马克思主义的立场观点方法来观察时代、解读时代、引领时代，把马克思主义基本原理同中国具体实际、历史文化传统、时代要求紧密结合起来，用鲜活丰富的当代中国实践来推动祖国事业更好地发展。

（二）以毛泽东思想和中国特色社会主义理论体系引领学习方向

年轻干部勤于学习，必须要始终坚持毛泽东思想和中国特色社会主义理论体系所指引的方向，才能在全面建成社会主义现代化强国的第二个百年奋斗目标中向着正确方向前进。毛泽东思想是中国共产党人集体智慧的结晶，是中华民族的精神支柱，是取得新民主主义革命、抗日战争、解放战争、建立中华人民共和国的重要理论，是马克思主义中国化第一次历史性飞跃的理论成果。毛泽东思想为年轻干部学习中国共产党的奋斗史提供了科学的理论指引。中国特色社会主义理论体系是包括邓小平理论、“三个代表”重要思想以及科学发展观在内的科学理论体系，是对马克思列宁主义、毛泽东思想的坚持和发展，是马克思主义中国化第二次历史性飞跃的理论成果，系统回答了什么是社会主义、怎样建设社会主义，建设什么样的党、怎样建设党，实现什么样的发展、怎样发展这三大基本问题。习近平新时代中国特色社会主义思想是中国特色社会主义理论体系的重要组成部分，是马克思主义中国化时代化最新成果。中国特色社会主义理论体系为年轻干部观察、分析、解决中国经济社会发展问题提供了科学的世界观和方法论；为年轻干部坚持和发展中国特色社会主义事业指明了前进方向；为年轻干部不断把握党的执政理念、推进党的建设新的伟大工程提供了科学指导；为全党全国人民实现中华民族伟大复兴提供了行动指南。

在中国革命、建设和改革的各个历史时期，从毛泽东思想到中国特色社会主义理论体系，构建了中国共产党指导思想发展史上前后接续、继承发展、与时俱进、高度统一的理论大厦，为年轻干部在新时代勤于学习指明了正确方向。新时代年轻干部以毛泽东思想和中国特色社会主义理论体系引领学习方向，就要始终高举中国特色社会主义伟大旗帜。实践充分证明，中国特色社会主义是中国共产党和中国人民团结的旗帜、奋进的旗帜、胜利的旗帜。要坚定不移走中国特色社会主义道路。我们走中国特色社会主义道路，具有无比广阔的时代舞台，具有无比深厚的历史底蕴，具有无比强大的前进定力。这条道路来之不易，必须倍加珍惜、始终坚持、不断发展。要更加自觉地坚定“四个自信”。习近平总书记明确指出：“中国特色社会主义是改革开放以来党的全部理论和实践的主题，全党必须高举中国特色社会主义伟大旗帜，牢固树立中国特色社会主义道路自信、理论自信、制度自信、文化自信，确保党和国家事业始终沿着正确方向胜利前进。”要深刻认识中国特色社会主义最本质的特征和中国特色社会主义制度的最大优势。中国特色社会主义最本质的特征是中国共产党领导，中国特色社会主义制度的最大优势是中国共产党领导，党是最高政治领导力量。

二、明确学习对象，提高学习效率

年轻干部抓学习，不仅要明确学什么的问题，还必须弄清楚“向谁学”的问题。习近平总书记明确指出：“我们正在从事的中国特色社会主义事业是伟大而波澜壮阔的，是前人没有做过的。因此，我们的学习应该是全面的、系统的、富有探索精神的，既要抓住学习重点，也要注意拓展学习领域；既要向书本学习，也要向实践学习；既要向人民群众学习，向专家学者学习，也要向国外有益经验学习。学习有理论知识的学习，也有实践知识的学习。”[①] 这“五个向”为年轻干部“向谁学”指明了方向。

（一）向书本学习

书籍是人类知识的载体，是人类智慧的结晶，是人类进步的阶梯。一个人在读书中能获取信息、增长知识、开阔视野、陶冶性情等。一个不读书的人，是没有希望的。读书对于一个人如生命般重要，如果不读书或很

① 《习近平谈治国理政》（第一卷），外文出版社 2014 年版，第 404 页。

少读书，就会缺乏精神营养。毛泽东一生酷爱读书，《共产党宣言》看了不下100遍；周恩来总理“为了中华之崛起”而读书，他经常对身边工作人员讲，要活到老，学到老，改造到老。读书是年轻干部加强党性修养、坚定理想信念、提升精神境界的重要途径，是年轻干部胜任领导工作的必然要求，是年轻干部推动学习型政党、学习型社会建设的迫切需要。事有所成，必是学有所成；学有所成，必是读有所得。新时代年轻干部必须要带头读书学习，把书籍作为自己的良师益友。年轻干部读书学习，要始终坚持读好书，尤其要读好当代中国马克思主义理论著作、做好领导工作必需的各种知识书籍、古今中外优秀传统文化书籍。年轻干部读书不仅要有明确的目标、不移的恒心，还要掌握读书方法和技巧，在爱读书、勤读书、读好书、善读书中不断提高思想水平、解决实际问题、实现自我超越。

（二）向实践学习

实践的观点是马克思主义认识论首要的基本观点。“纸上得来终觉浅，绝知此事要躬行。”第一，实践中有真知。列宁说过：“只有用人类创造的全部知识财富来武装自己的头脑才能成为共产主义者，而实践就有真知，一切真正的知识，都是从实践中产生的。”第二，实践中有实情。年轻干部在不同领域、各行各业工作，一定要了解情况，而且是了解真实的情况，真实的情况当然来自实践，不可能来自头脑，道听途说不可靠。第三，实践中有经验教训。当前个别年轻干部经验不足，可以通过多向实践学习，从中吸取教训，不断积累经验。由此可见，广大年轻干部必须要勤于向实践学习，不断提高领导水平，这是成长成才的必由之路。“人才自古要养成，放使干霄战风雨。”年轻干部坚持向实践学习，就是要让实践成为我们获取知识、增长技能、检验成效的重要法宝。要老老实实拜实践为师，尽可能全方面地从实践中获取能够切实运用到工作和生活中的真知识。要在实践中不断学习和历练自己的专业技能，使这些有益的专业技能转化为工作实效。要在扎扎实实的实践中检验自己学到的书本知识，将基础性知识融会贯通为解决实际问题的真本领。

（三）向人民学习

马克思主义唯物史观认为，人民群众是历史的创造者，是社会物质财富和精神财富的创造者，是社会变革的决定性力量。向人民群众学习是我们党的光荣传统。人民群众在实践中创造出的很多解决问题的办法，都成为我们党取之不尽、用之不竭的智慧源泉。毛泽东指出：“没有满腔的热忱，没有眼睛向下的决心，没有求知的渴望，没有放下臭架子、甘当小学生的精神，是一定不能做，也一定做不好的。”新时代年轻干部善于向人民学习，须有尊重人民、甘当小学生的情怀。拜人民为师，贵在虚心请教，保持谦虚谨慎的态度，摆正心态、放下架子。善于向人民学习，须有深入群众、身体力行的作风。要在深入实际、深入生活、深入基层中体验真实生活，了解实际情况。善于向人民学习，须有相信人民、敢于自省的勇气。对待人民的批评既要有包容的胸怀，也要有勇于改正的行动自觉。善于向人民学习，须有依靠人民、集思广益的能力。要善于总结、提炼、学习人民在实践中探索出的做法和经验，将这些宝贵经验转化为自己解决实际问题的能力。

（四）向专家学者学习

现代社会从事任何一个行业都需要相关的专业知识和专业技能。专家学者在各自的专业领域有建树、有权威，为党和国家事业的繁荣发展做出了重要贡献。专家学者们的知识和智慧是我们党执政兴国的宝贵财富，是推动国家长治久安的隐形财富。中国共产党历来重视专家学者的重要作用，关系国计民生的重大政策出台以及党的路线方针政策的制定和实施都广泛征询专家学者们的意见和建议。习近平总书记强调要尊重知识、尊重人才，并且高度肯定专家学者在实现中华民族伟大复兴、建设创新型大国道路上发挥的重要作用。新时代年轻干部要想做好自己的本职工作，尤其是在一些自己不很熟悉、非自己专业的工作领域，要虚心向专家学者们请教，这样才能把握科学规律、掌握正确方法，说内行话、做内行事。年轻干部既要积极主动地同专家学者打交道、交朋友，多听取他们的意见和建议，更要努力学习专家学者们在专业方面的知识、严谨的治学精神、过硬的专业素养、刻苦钻研的精神、高尚的道德情操，不断提升自己的思想觉悟和业务水平。

（五）向国外有益经验学习

他山之石，可以攻玉。中国文化历来提倡向他人学习，汲取他人之长。习近平总书记指出："中国共产党历来强调树立世界眼光，积极学习借鉴世界各国人民创造的文明成果，并结合中国实际加以运用。"全球化的进程不可阻挡，任何一个国家都不可能独立存在。中国特色社会主义进入新时代，我们仍然需要不断学习国外先进的技术、有益的经验，这是我国不断发展壮大、始终走在时代前列的重要途径。新时代年轻干部向国外有益经验学习，需要在有效甄别的基础上，大胆吸收和借鉴人类社会创造的一切文明成果，吸收和借鉴当今世界各国一切反映现代化社会化生产规律的先进经营方式、管理方法。当前，在世界各国相互依存、共同发展的过程中，年轻干部既要看到我国自身的发展优势，也要看到自身发展的不足。在学习国外经验的过程中，要克服盲目性、避免片面性，时刻保持清醒头脑，既不妄自菲薄，也不好高骛远，取人之长补己之短，努力将国外有益于党和国家事业发展的成功案例和经验吸收到党和国家事业发展中来。

延伸阅读

朱德：《共产党宣言》等马列主义著作，是非读不可的

朱德1922年在德国入党后才第一次读《共产党宣言》。这一年，朱德36岁。

朱德曾是滇军名将、护国中坚，军阀混战、民不聊生一度令他苦闷彷徨。1922年9月，他远赴欧洲寻找出路，11月在德国经周恩来等人介绍加入中国共产党。在德国，朱德勤奋研读马克思主义著作，读《共产党宣言》的次数最多、时间最长。

从入党时起一直到逝世前夕，朱德读了一辈子《共产党宣言》。他说："常言说，'朝闻道，夕死可矣'。《共产党宣言》等马列主义著作，是非读不可的。"

1976年5月，依据德文版翻译的《共产党宣言》中文"新译本"送中央领导审阅。这时的朱德，年届90高龄，眼睛花了，精力大不如前，读书很吃力。但他坚持一口气读完，随后提出登门拜访主持翻译工作的成仿吾。5月21日，朱德来到中央党校，对年近80岁的成仿吾说："我看见你的书，很高兴。这本书很有意义，对世界都有意义，我们有些什么问题搞不清楚，都要请教马克思，要看这本书。"这年7月6日，朱德逝世。弥留之际的他，仍念念不忘："革命到底。"

——选自王玉强：《老一辈革命家如何读〈共产党宣言〉》，《吉林人大》2018年第5期，第37—39页

三、善于学思结合，做到学以致用

孔子曰："学而不思则罔，思而不学则殆。"学习贵在思考、终于运用。年轻干部在勤学苦练时要善于学思结合，努力把掌握的理论转化为推进伟大事业的强大力量，把学到的知识和经验转化为做好本职工作的智慧和能力。习近平总书记指出："一切学习都不是为学而学，学习的目的全在于应用。"新时代年轻干部在学习中要切实做到学而思、思而悟、悟而用，用学到的知识、理论、方法、技能去改造客观世界，做到学以致用、知行合一。

（一）善于学思结合

实践多次证明，一个人在学习中要想有好的学习效果、学有所成，必须要勤于思考、善于思考，学习时多问几个为什么，养成勤于思考、善于思考的习惯。年轻干部要充分认识学习与思考的关系，把学习和思考真正结合起来，做到勤学与善思的有机统一。学思结合的重要性体现在"学"与"思"的辩证关系中。学习是求知的源头，是进行思考的基础；思考是学习成果的转化器，是学习深化的助力器。一个人若单方面的只学习，只会使自己循规蹈矩；若单方面的只思考，又会陷入苏格拉底"精神助产术"的极端境地，空乏而不明其理。"学"与"思"相辅相成、相互促进、缺一不可。因此，年轻干部要把学习和思考紧密结合起来，懂得思考、学会思考、勤于思考、勇于思考，这对于学到切实有用的真知灼见、做好本职工作、更好地为民服务极为重要。

新时代年轻干部要做到学思结合，就要善于在学习中思考，在思考中学习，努力将所学知识转化为科学的工作方法、完善的工作思路、过硬的执政本领。年轻干部要明确思考的内容。年轻干部在认真学习党中央精神时，要深入思考党中央提出的一系列新的重要思想、重要论断、重大举措的战略考量，如何用党中央精神指导实践、推动工作，如何把地区和部门工作融入党和国家事业大局，自觉把本地区、本部门工作放到全党、全国的工作大局中去思考、去谋划、去把握。年轻干部要善于从政治上思考问题。一个人思考问题的角度不同，往往得出的结论就会不同。一名年轻干部思考问题的角度很重要，不管在什么岗位从事什么工作，都要善于从政治上思考问题，这样才能透过现象看清本质。比如，在观察分析形势时首先要把握政治因素，如何正确看待全面从严治党？首先要从政治上去看。年轻干部要善于换位思考。换位思考就是站在对方的立场上，变换角色位置去思考问题。我们党全心全意为人民服务的根本宗旨，决定了年轻干部必须要始终站在最广大人民群众的立场上去思考工作中遇到的各种问题。当前，绝大多数年轻干部能做到经常和群众换位思考，但也有个别年轻干部不从人民的角度出发思考问题，有的只从自己的角度思考问题，其后果必然是很可怕的。年轻干部要经常与人民群众换位思考，以心换心、将心比心，始终站在人民群众的立场上思考问题、解决问题，处处为人民群众着想，让每一项决策部署都能符合人民群众的根本利益，始终赢得人民群众的拥护和爱戴。

（二）做到学以致用

“为学之实，固在践履。苟徒知而不行，诚与不学无异。”学习的最终落脚点在于改造世界、指导实践、推动发展。习近平总书记指出：“领导干部加强学习，根本目的是增强工作本领、提高解决实际问题的水平。”可见，能否将自己的所学、所知、所获真正地应用于解决实际问题，是一名年轻干部勤学苦练的关键所在。马克思有一句镌刻在墓志铭上的经典论述：“哲学家们只是用不同的方式解释世界，而问题在于改变世界。”我们解释世界的目的最终在于改变世界。毛泽东说："读书是学习，使用是学习，并且是更重要的学习。"中国共产党人正是得益于始终坚持实践的观点，注重理论联系实际，并且善于用科学的理论指导实践，才能领导全国各族人民取得了辉煌的业绩。年轻干部如果单纯地为了学习而学习，那就会陷入空对空，甚至成为书呆子；如果不能把自己的学习成果灵活运用于实践，不能有效地解决实际问题，就会造成理论与实际脱节，就会陷入教条主义的泥潭。年轻干部只有避免陷入以上这些误区，才能真正实现为了实际应用而学习，学习能应用于实际。

新时代年轻干部要想真正做到学以致用、知行合一，必须在学、思、悟、用上下真功夫。学思悟用是一个环环相扣的过程，其落脚点在于运用。要在"学"上下功夫。年轻干部应始终保持虚怀若谷、如饥似渴的学习状态，切实做到学深悟透、融会贯通。要在"思"上下功夫。年轻干部既要深入思考在学习中遇到的各种疑难问题，也要深入思考在开展工作中如何有效解决遇到的各种矛盾、问题。要在"悟"上下功夫。一名年轻干部如果没有较强的领悟力，领导力也就无从谈起。年轻干部在领悟党中央精神时，必须立足于我国的基本国情，必须立足于中国特色社会主义进入新时代，必须立足于当前我国社会的主要矛盾。要在"用"上下功夫。年轻干部学思悟到底怎么样，最终要看"用"怎么样。习近平总书记指出："要把研究和解决重大现实问题作为学习的根本出发点，使认认真真学习成为理论联系实际、学以致用，不断提高工作原则性、系统性、预见性和创造性的过程。"新时代年轻干部学以致用，必须要以解决工作中的各种实际问题为导向，及时将党的新思想、新理论、新战略用以指导实践，使之准确落实在经济、政治、文化、社会、生态文明建设和党的建设等各项具体工作中，有效转化为谋划工作的思路、解决问题的措施。

四、抓实学练重点，提高综合能力

新时代年轻干部勤学苦练、增强本领必须抓住重点，通过抓实学练重点，不断提高综合能力。习近平总书记指出："各级党组织要有针对性地加强对年轻干部的思想淬炼、政治历练、实践锻炼、专业训练，明确培养年轻干部的正确途径。"[①]这一重要论述既明确了培养年轻干部的正确途径，也为年轻干部指明了勤学苦练、增强本领的重点。这个重点，就是通过思想淬炼把稳思想之舵，通过政治历练提高政治能力，通过实践锻炼增强实干能力，通过专业训练提高专业素养。

（一）加强思想淬炼，把稳思想之舵

通过加强思想淬炼把稳思想之舵，是年轻干部抓实学练重点，提高综合能力的首要任务。思想是行动的先导。一个人要想工作到位，思想先要到位；要想实践创新，思想先要创新；要想行为清正，思想先要纯洁。习近平总书记用"淬炼"来谈干部如何提升思想修养，形象而深刻地阐明了思想修养的重要性和必要性，既阐明了思想修养的目的和功能，也阐明了提升思想修养的方法和途径。广大年轻干部一定要拧紧思想总开关，深刻认识到思想上松一尺，行动上就会松一丈。加强思想淬炼，需要高度自觉，需要严格要求，需要持之以恒，久久为功。

新时代年轻干部加强思想淬炼，把稳思想之舵，必须要始终牢记我们党的初心和使命，走得再远，都不要忘记自己是"从哪里来，要到哪里去"；要始终坚守中国共产党人的精神家园，毫不动摇地坚定崇高的理想信

① 《习近平在中央党校（国家行政学院）中青年干部培训班开班式上发表重要讲话强调　年轻干部要提高解决实际问题能力　想干事能干事干成事　王沪宁出席》，新华社北京 2020 年 10 月 10 日电。

念，把中国特色社会主义共同理想和共产主义远大理想紧密结合起来，做到既仰望星空，又脚踏实地；要培养正确的世界观、人生观、价值观，切实抓好思想作风问题，始终牢记我们党全心全意为人民服务的根本宗旨；要坚持解放思想、实事求是、与时俱进、求真务实，坚持用党的创新理论武装头脑、指导实践、扎扎实实推进新时代中国特色社会主义伟大事业的各项工作。

（二）加强政治历练，提高政治能力

通过加强政治历练提高政治能力，是年轻干部抓实学练重点，不断提高综合能力的核心任务。《中共中央关于加强党的政治建设的意见》明确指出，领导干部要加强政治能力训练和政治实践历练。在实践中加强政治历练，积累政治经验，是干部提高政治能力的重要途径，也是一条成功经验。党的十九大报告指出，全党同志特别是高级干部要加强党性锻炼，不断提高政治觉悟和政治能力，把对党忠诚、为党分忧、为党尽职、为民造福作为根本政治担当，永葆共产党人政治本色。

新时代年轻干部加强政治历练，提高政治能力，首先必须要强化理论武装。理论上清醒，政治上才能坚定。强化理论武装是年轻干部加强政治历练，提高政治能力的基础，在年轻干部成长过程中发挥着指引航向、固本培元的作用。年轻干部必须系统学习掌握马克思主义理论，将习近平新时代中国特色社会主义思想学懂、弄通、做实。加强政治历练，提高政治能力，要求年轻干部要高度重视增强党性，切实以党性原则来约束和锤炼自己，做到坚持党的领导不动摇，坚持和发展中国特色社会主义不动摇。此外，一名干部政治上是否成熟，在很大程度上取决于是否经受过复杂斗争的考验。年轻干部必须发扬敢于斗争的精神，以斗争上的磨砺考验积累政治上的经验，在各种斗争实践中检验和提高自身的政治能力。

（三）加强实践锻炼，增强实干能力

通过加强实践锻炼增强实干能力，是年轻干部抓实学练重点，不断提高综合能力的基础任务。马克思主义认识论坚持实践第一的观点，实践是认识的源泉，实践是认识的动力，实践是认识的目的，实践是检验真理的唯一标准。习近平总书记指出，干部多“墩墩苗”没有什么坏处，把基础搞扎实了，后面的路才能走得更稳更远。[①]“墩墩苗”形象地指出了年轻干部成长成才的规律和途径。年轻干部从参加工作到走向成熟，需要经过必要的台阶、递进式的历练和培养。年轻干部在普通岗位上经历一些难事、急事、大事、复杂的事，能够更加深刻地感受国情、社情、民情。

新时代年轻干部加强实践锻炼，增强实干能力，首先要深入基层、深入群众，也就是习近平总书记常说的要“接地气”。正所谓“不登高山，不知天之高也；不临深溪，不知地之厚也”。很多优秀年轻干部就是在与基层群众长时间的密切接触中、交流沟通中，增进了对群众的深入了解，不断提高了群众工作能力、处理实际问题能力和应对复杂局面能力。同时，年轻干部要有积极主动深入基层一线的思想自觉和行动自觉，勇挑重担，在急难险重的岗位上见风雨、经考验、多磨炼，在“艰、难、苦、险”的环境中磨炼意志品质，锻造实干能力，练就一身干事成事的“硬功夫”和“真本领”。

（四）加强专业训练，提高专业素养

通过加强专业训练提高专业素养，是年轻干部抓实学练重点，不断提高综合能力的重要任务。不同行业有不同的性质和特点，所需的专业知识和专业能力也各不相同。专业的人才能干好专业的事，专业的事也应该交给专业

---

① 习近平：《在全国组织工作会议上的讲话》（2013 年 6 月 28 日），《十八大以来重要文献选编》（上），中央文献出版社 2014 年版，第 348—349 页。

的人。新时代年轻干部要想做好本职工作，必须不断加强专业训练，清晰地认识到自己在专业方面存在的短板和不足，系统掌握自身所处行业所必需的知识和技能，熟悉工作任务、工作内容、工作对象及其他的工作特点。

新时代年轻干部加强专业训练，提高专业素养，必须要牢固树立正确的观念。个别年轻干部将专业素养理解为专业对口，这种片面的看法既不利于选人用人，也不利于年轻干部的成长。习近平总书记强调："干部要提高专业素养。专业素养是专业知识、专业能力、专业作风、专业精神的统一，而不仅仅是专业对口那么简单。"[①]因此，年轻干部必须明确，加强专业训练是提高干部专业素养的必然要求，但加强专业训练，并不仅仅是学习专业知识，而是要通过专业能力、专业作风、专业精神的培养，不断提高自身履职尽责的专业素养。一名年轻干部知识要更新、能力要提高、作风要纯洁、精神要激扬，这些都是动态的、发展的，都要跟上理论和实践的脚步，同时要综合关注知识、能力、作风和精神这四个方面，任何一个方面都不能放松，任何时候都不能放松！

延伸阅读

党史一叶·长征
——长征中仍重视学习

红军是一支有文化的军队，重视读书学习是红军的优良传统。即使在充满艰难险阻的长征途中，读书学习仍然是红军文化生活中必不可少的重要部分。

长征出发时，红军曾带了《共产党宣言》《反杜林论》等马列书籍。长

① 习近平：《在党的十八届六中全会第二次全体会议上的讲话》，《求是》2017 年第 1 期。

征途中，毛泽东尤其酷爱读书，患病时躺在担架上也不忘读书。据张闻天的夫人刘英回忆："毛主席在长征路上读马列书很起劲。看书的时候，别人不能打扰他，他不说话，专心阅读，还不停地在书上打杠杠，有时通宵地读。红军到了毛儿盖，没有东西吃，肚子饿，但他读马列书仍不间断"，有时候饿得实在忍不住了，"就一边躺着看书，一边从口袋里抓麦粒吃"。

任弼时在长征途中始终带着两个小铁箱，里边装着一二十本马列原著。每次到了宿营地，他都抓紧时间看书，白天看，晚上也看。有好几次部队都要出发了，他还在聚精会神地看书。徐特立被誉为"长征第一老人"，对书更是十分珍爱。为了保护所带的两大包书籍，他有时宁愿自己拄着拐杖步行，而让马驮着书；对于重要的书籍，他总是随身携带，书不离身。董必武则是一有空闲就读书，有时还会大声地用俄文朗读起来，旁若无人。

更为难能可贵的是，许多红军指战员不仅自己喜欢读书，而且还指导周围的战士识字学习。刘伯承在长征途中带了三本厚厚的俄文书，只要有时间就读书，有时骑在马上还读书。为督促周围战士学习，他常说："小鬼，你是穷人出身，过去无法读书，红军部队就是你的家，你今后应该好好学习，才能更好地为人民服务。"每天行军前，他都要在勤务员手掌上写几个字，让其熟记于心，到宿营地后还要进行"考试"，检查学习效果。在这种精神的感召下，很多红军战士在行军途中也养成了勤于学习的习惯。

另外，为使更多的人学习文化，红军各部队也尽其所能地创造条件，为战士们读书识字提供方便。通常情况下，如果红军在一个地方驻扎时间较长，都会设置一个供战士学习的"列宁室"。利用操练间隙，许多红军战士会在这里坚持上课和读书识字。为帮助战士们学习文化，红军还创造出很多学习方法。如在行军途中，宣传员会在前边战士的背包上挂一块小木板，上面写上几个字，供后面的战士学习，日积月累，战士们能认识不少生字；有的文艺工作者甚至创作了顺口溜和快板诗来指导学习。一段说唱道：“天当教室地当纸，树枝石头当笔用，每天学习二三字，一年学会八九百，学好文化好当家。”

正是在这种浓厚的学习气氛的熏陶下，红军战士学会了识字、读报、写文章，有的甚至后来成长为作家。这对提高红军的文化素养发挥了重要作用，推动长征走向胜利。

——选自张卫波:《星火征程中的一种特殊战力》,《北京日报》2016 年 9 月 26 日 014 版

参考文献

[1]马克思恩格斯选集（第一卷）[M]. 北京：人民出版社，1995.

[2]毛泽东选集（第三卷）[M]. 北京：人民出版社，1991.

[3]邓小平文选（第三卷）[M]. 北京：人民出版社，1993.

[4]习近平. 干在实处　走在前列——推进浙江新发展的思考与实践[M]. 北京：中共中央党校出版社，2006.

[5]习近平谈治国理政（第一卷）[M]. 北京：外文出版社，2014.

[6]习近平谈治国理政（第二卷）[M]. 北京：外文出版社，2017.

[7]习近平谈治国理政（第三卷）[M]. 北京：外文出版社，2020.

[8]习近平谈治国理政（第四卷）[M]. 北京：外文出版社，2022.

[9]习近平. 论中国共产党历史[M]. 北京：中央文献出版社，2021.

[10]王伟光. 新大众哲学[M]. 北京：中国社会科学出版社，2017.

[11]本书编委会. 中国共产党历次党章汇编[M]. 北京：中国方正出版社，2019.

[12]章志远. 党内法规学原论[M]. 北京：中国法制出版社，2020.

[13]中共中央宣传部. 中国共产党的历史使命与行动价值[M]. 北京：人民出版社，2021.

[14]尚传斌. 传承——做党的光荣传统和优良作风的忠实传人[M]. 北京：中央党校出版集团·国家行政管理出版社，2021.

[15]习近平. 领导干部要认认真真学习　老老实实做人　干干净净干

事［N］. 学习时报，2008-05-26.

［16］习近平. 领导干部要爱读书读好书善读书［N］. 学习时报，2009-05.

［17］习近平. 谈谈调查研究［N］. 学习时报，2011-11-21.

［18］习近平. 坚持实事求是的思想路线［N］. 学习时报，2012-05-28.

［19］习近平. 发扬斗争精神 增强斗争本领［N］. 人民日报，2019-09-04.

［20］习近平. 在“不忘初心、牢记使命”主题教育总结大会上的讲话［J］. 求是，2020（13）.

［21］习近平. 在庆祝中国共产党成立100周年大会上的讲话［N］. 人民日报，2021-07-02.

［22］刘云山. 领导干部要敢于担当［N］. 学习时报，2014-03-10.

［23］傅兴国. 守纪律讲规矩：全面从严治党的根本要求［J］. 求是，2015（10）.

［24］关于新形势下党内政治生活的若干准则［N］. 人民日报，2016-11-03.

［25］尚传斌. 牢牢掌握习近平总书记提倡的学习方法［N］. 中国纪检监察报，2018-10-19.

［26］徐文秀. 讲原则不讲面子［N］. 人民日报，2021-09-23.

后　记

中国共产党自一九二一年成立以来，始终把为中国人民谋幸福、为中华民族谋复兴作为自己的初心使命。当前，在以习近平同志为核心的党中央的坚强领导下，全党全军全国各族人民正在信心百倍地向着全面建成社会主义现代化强国的第二个百年奋斗目标迈进。新的征程上，我们党要团结带领全国各族人民如期全面建成社会主义现代化强国，实现中华民族伟大复兴的中国梦，必须得建设一支宏大的高素质专业化干部队伍，归根到底在于培养选拔一批又一批优秀年轻干部接续奋斗。年轻干部是干部队伍中最富有朝气、最富有活力的一个群体，是实现第二个百年奋斗目标的关键所在。这就要求各级党组织及早发现、及时培养、源源不断选拔使用适应新时代要求的优秀年轻干部，为党和国家事业发展注入新的生机活力。

党的十九届六中全会审议通过的《中共中央关于党的百年奋斗重大成就和历史经验的决议》指出，党和人民事业发展需要一代代中国共产党人接续奋斗，必须抓好后继有人这个根本大计。培养选拔优秀年轻干部是一件大事，是关系党的事业后继有人和国家长治久安的重大战略任务。我们党历来高度重视培养、选拔年轻干部。党的十八大以来，以习近平同志为核心的党中央高度重视加强年轻干部队伍建设，多次提出明确要求。2018年6月29日，习近平总书记主持召开中共中央政治局会议，审议《关于适应新时代要求大力发现培养选拔优秀年轻干部的意见》。会议强调，要着眼“两个一百年”奋斗目标，着眼推进国家治理体系和治理能力现代化，着眼党的事业后继有人、兴旺发达，努力建设一支忠实贯彻习近平新时代中国特色社会主义思想、全心全意为人民服务，适应新使命新任务新要求、经得起风浪考验，数量充足、充满活力的高素质专业化年轻干部队伍。

2021年9月1日，习近平总书记在2021年秋季学期中央党校（国家行政学院）中青年干部培训班开班式上发表重要讲话，对年轻干部提出“六个做到”，即“做到信念坚定、对党忠诚，注重实际、实事求是，勇于担当、善于作为，坚持原则、敢于斗争，严守规矩、不逾底线，勤学苦练、增强本领”。这六个要求48个字内涵丰富、辩证统一，具有很强的思想性、针对性和指导性，是对新时代好干部标准的进一步丰富和细化。新时代广大年轻干部要深入学习贯彻习近平总书记重要讲话精神，积极投身新时代中国特色社会主义伟大实践，以坚强的党性、过硬的本领展现作为、不辱使命，努力创造无愧于党、无愧于人民、无愧于时代的业绩，为实现中华民族伟大复兴的中国梦作出应有的贡献。

为帮助广大党员干部特别是年轻干部深刻学习领会习近平总书记在2021年秋季学期中央党校（国家行政学院）中青年干部培训班开班式上的重要讲话，由我组织全国党校（行政学院）、团校和高校系统部分骨干教师共同编写了《年轻干部第一课——练好内功、提升修养的六个要求》一书。本书共分六章，由第十三届全国政协委员，中共中央党校专家工作室领衔专家、博士生导师韩庆祥教授担任编委会主任并作序。具体分工如下：第一章由中共内蒙古区委党校（内蒙古行政学院）党史党建教研部张静（法学博士）执笔；第二章由中共济南市委党校（济南行政学院）党史党建教研部副主任张梅执笔；第三章由中共大连市委党校（大连行政学院）党史党建教研部辛鑫（法学博士）执笔；第四章由中共吉林省委党校（吉林省行政学院）哲学教研部袁中树（哲学博士）执笔；第五章由中央团校（中国青年政治学院）党的青年运动史教研部宋超（法学博士）执笔；第六章由南开大学马克思主义学院翟媛（法学博士）执笔。本书由我担任主编，负责全书框架结构和章节设计，组织教师编写并进行统稿；张静、宋超、翟媛担任副主编，协助主编工作。

在本书的编写过程中，得到了全国党校（行政学院）系统和高校系统众多专家学者的关心、支持和帮助。非常感谢中共中央党校（国家行政学院）哲学教研部博士生导师刘余莉教授，中共中央党校（国家行政学院）文史教研部副主任、博士生导师张军教授，中共中央党校（国家行政学院）马克思主义学院博士生导师李海青教授，中央民族大学马克思主义学院院长、博士生导师孔新峰教授，中共吉林省委党校（吉林省行政学院）副校（院）长宋文新教授等众多专家学者的指导、帮助和支持。

在写作中我们参考了国内外一些专家学者的研究成果，编写时尽最大努力作了标注。但受制于精力和能力，难免会有疏漏之处，敬请相关专家学者见谅，在此深表谢意！新华出版社对本书的出版高度重视并给予了大力支持，在此表示感谢！由于编者水平有限，书中难免会有不足之处，敬请广大读者批评指正。如有意见建议，欢迎发送至邮箱：yanjun_88@126.com。

谢谢大家。

尚传斌

2023 年 9 月